U0578920

数字经济与区块链发展研究报告

RESEARCH REPORT ON DIGITAL ECONOMY AND BLOCK CHAIN

主　编 / 马春辉

副主编 / 林　勇　陈振旺　欧阳逸

社会科学文献出版社
SOCIAL SCIENCES ACADEMIC PRESS (CHINA)

《数字经济与区块链发展研究报告》编委会

主编简介

马春辉，湖南永兴人，副研究员，2003 年获南开大学经济学博士学位。曾在政府部门从事政府统计工作，在国家高端智库之一的中国综合开发研究院从事研究工作。2005 年进入深圳大学传播学院，给本科生、研究生讲授经济学、统计学和市场营销等课程。主要研究方向是城市经济学、发展经济学、宏观经济学。曾在《光明日报》《改革》《南开经济研究》《开放导报》《中国软科学》《经济学家》《上海经济研究》等报刊发表论文 50 多篇，公开出版《中国城市化问题论纲》等学术著作 4 部，主编及编写多部学术著作。

副主编简介

林勇，广东培正学院高级工程师。

陈振旺，艺术学博士，深圳大学艺术设计学院教授。

欧阳逸，文学硕士，北大纵横管理集团高级合伙人。

摘　要

ABSTRACT

本书主要由四个部分构成。

第一部分“主报告”是主要的研究报告。这一部分的重点是数字经济发展现状，描述了数字经济研究分析框架。本部分结合中国数字经济发展的实际状况，构建数字经济的分析框架，提出数字经济四分法框架；结合数字经济发展的主要应用场景，分析我国数字经济发展中存在的问题与数字经济发展策略。区块链是数字经济的一个重要领域。2019 年是中国区块链爆发的重要一年。本部分还利用波特的钻石模型分析了中国发展区块链的主要优势，并提出区块链未来发展的重要方向。

第二部分“专题篇”探讨数字经济的各个方面并介绍其应用。一是中国智慧城市建设现状以及与智慧城市直接相关的信息技术产业，总结了中国智慧城市发展的几个大问题，并从区块链、5G 技术、社会传播等视角提出了智慧城市发展的建议、数字化治理发展路径、数字化社会治理存在的问题，提出了数字化社会治理的方法。二是数字健康鸿沟研究，主要聚焦于互联网使用与健康的关系，以及数字健康鸿沟的影响因素。目前国内数字健康鸿沟相关研究尚空缺，未来可以在健康传播中拓展数字鸿沟的理论视野，对弱势群体加以研究。三是金融科技创新的应用领域及应用状况，分析了金融科技创新可能产生的风险类别及原因，提出了针对金融科技创新的监管政策和措施。四是数字产业经济在发展过程中的一些新问题，主要有产业融合的问题、数字经济的基础技术问题等，这些问题阻碍了数字经济发展，有待解决。未来的数字经济发展主要表现为制造业的智能水平稳步提升、核心技术加快突破、应用场景范围扩大。

第三部分“案例篇”主要对数字经济与区块链发展得比较好的深圳市进行研究，特别是以新时代中国特色社会主义政治经济学理论为基础，深入探讨深圳建设中国特色社会主义先行示范区的内容、示范条件及相关政策。深圳建设中国特色社会主义先行示范区的关键在于发展经济，建立现代经济体系，大力发展高科技和高附加值制造业，深化资本市场与金融市场改革开放，建立深交所微创板和前海自贸区，创建伊斯兰金融中心；建设生态文明城市，实现研发投入均衡化发展，完善政府现代预算制度，强化基础教育，完善医疗保险体系，探索小产权房资产证券化体系，推动企业品牌和会展业发展。深圳市已经形成了创新文化环境，这是深圳创新的原动力，但制约深圳创新的因素也不少，比如创新成本上升过快、创新资源不足等，本部分提出了加快创新的几点策略。深圳的特殊性促进了创活快速发展，深圳能在较短时间内成为全国和世界创新城市主要是因为市场化改革的力量、政府放松管理和适度参与创新活动、新兴产业的吸引力和移民提供的人力资源保障。

第四部分“规划摘编”主要摘编了国家及地方政府的“十四五”数字经济发展规划。

关键词：数字经济　区块链　创新

目 录

CONTENTS

数字经济与区块链发展研究报告

中国数字经济发展研究报告

——5G助跑中国数字产业发展

深圳大学传播学院　马春辉

摘　要： 本报告结合中国数字经济发展的实际状况，构建了数字经济的分析框架，提出数字经济四分法框架，详细分析了我国数字经济四个部分的发展状况，结合数字经济发展的主要应用场景，分析了我国数字经济发展过程中存在的问题与数字经济发展策略。

关键词： 数字经济　经济发展　政策

2019年，中国工业和信息化部向中国电信、中国移动、中国联通、中国广电发放5G商用牌照，标志着中国信息技术产业发展进入了一个新阶段。5G的广泛应用为中国数字经济发展注入了新动力。据中国信息通信研究院预测，2020~2025年，中国5G发展将直接带动经济总产出增加10.6万亿元，直接创造经济增加值3.3万亿元，直接创造就业岗位超过300万个。2017年我国数字经济规模达27.2万亿元，对国内生产总值的贡献率为55%。[①]

一　数字经济概况

（一）数字经济

信息产业的发展催生了“新经济”的概念，随着信息产业与社会经济

① 苗圩：《大力推动制造业高质量发展》，《求是》2019年第6期。

的融合，又产生了“数字经济”的概念。但是，对于什么是数字经济，不同学者有不同的理解。数字经济概念产生于20世纪，它是美国IT咨询专家唐·泰普史考特在《数据时代的经济学：对网络智能时代机遇和风险的再思考》一书中提出的。[①] 尼古拉·尼葛洛庞帝在《数字化生存》一书中解释了数字经济，指出数字经济是“利用比特而非原子”的经济。[②] 日本通产省于1997年5月提出数字经济的概念，通产省认为数字经济是一种具备如下四种特征的经济形态：没有人员、物体和资金的物理移动；合同的签订、价值转移和资产积累可通过电子手段完成；作为经济基础的信息技术将高速发展；电子商务将广泛拓展，数字化将渗透人类生活的各个方面。美国学者Beomsoo Kim将数字经济定义为一种特殊的经济形态，他指出数字经济的活动本质为“商品和服务以数字化形式进行交易”。[③] Danny Quah教授从数字经济带来的经济效用出发，认为数字产品是与支付相关的比特流，并能影响交易主体的效用。[④] 吉林大学的李俊江、何枭吟认为数字经济是“一场由数字技术不断创新主导的经济革命”，并将其定义为“以知识为基础，在数字技术（特别是计算机和因特网）催化作用下在制造领域、管理领域和流通领域以数字化形式表现的一种新的经济形态”。[⑤] 数字经济实质是一场由数字技术推动的经济革命。当前，在以美国为首的发达国家中，这场数字革命正在以数字技术的不断创新为推动力、以开放的知识为基础，从制造领域、管理领域、流通领域扩展到包括政府宏观调控在内的一切经济领域，并逐渐形成一个完整的经济体系。

---

① 唐·泰普史考特：《数据时代的经济学：对网络智能时代机遇和风险的再思考》，毕崇毅译，机械工业出版社，2016。

② 尼古拉·尼葛洛庞帝：《数字化生存》，胡泳、范海燕译，电子工业出版社，2017。

③ 梅宏：《数字经济成型期：数据要素化是一项系统工程》，科学新闻网，2023年2月2日。

④ Quah, Danny, Digital Goods and the New Economy, CEPR Discussion Papers 3846, C. E. P. R. Discussion Papers, 2003.

⑤ 李俊江、何枭吟：《美国数字经济探析》，《经济与管理研究》2005年第7期。

（二）数字产品

数字经济涉及一些相关概念，这些相关概念包括信息、信息生产与存储产品、内容产品、数字产品、数字化和数字化产品。从产业链角度分析，这一组概念构成了数字产业链。信息可以是有形的，也可以是无形的。本质上，任何可以被数字化的事物都是信息，但信息不一定是被数字化的事物。信息产品是基于信息的交换物，数字产品是信息内容基于数字格式的交换物。信息产品与数字产品可以指同一类交换物，也可以分别指代存在一定差异的交换物。有学者认为，数字化就是编成一段字节。数字化产品是指包含数字化格式的交换物。联合国贸易发展会议研究报告认为，数字化产品是既可以通过载体以物理方式传递，也可以通过互联网以电子方式传递的产品。在现代产品生产过程中，产生了混合型产品，数字化渗透到非数字化产品中，如农业生产活动与农产品，从整体上分析，它们不是数字化产品，但这些产业和产品有数字化的成分，制造业和制造产品与农业和农产品接近，原理一致。在生产实践过程中，大部分服务业和与服务业联系紧密的产业容易数字化，软件、报纸、杂志、音乐、戏曲、影视节目和成绩单等服务产品都非常容易数字化，成为纯数字化产品。所谓纯数字化产品，是指存在方式和传递实现方式都是数字化的产品或服务。土地、劳动力、资本、食品、石油、钢铁和煤炭等资源型产品或服务无法被数字化，但这类无法被数字化的产品或服务在生产过程中存在数字化成分，我们可以称之为混合数字化产品或服务。在纯数字化产品或服务与非数字化产品或服务之间，存在初级数字化和高级数字化两种产品或服务。初级数字化产品或服务包括数字化建筑物、数字化交通系统、数字化武器系统等。高级数字化产品或服务包括数字化家用电器、数字化汽车、数字化教育服务、数字化医疗服务和数字化金融服务等。

数字产品分类及经济特征如下。

1. 数字产品分类

数字产品分类目前还没有统一的标准。根据不同的标准或从不同的观察角度出发，可以对数字产品进行不同的分类。按数字产品用途的性质可以将数字产品分为数字载体产品、内容演化产品、完全无形数字产品及混合数字产品。

第一，数字载体产品。数字载体产品是指制造数字产品的工具，如计算机、网络硬件、各种移动产品等。这些产品都是数字产品的载体，没有这些产品，数字产品就没有存在的基础。1946 年第一台计算机的诞生标志着现代计算技术的产生。20 世纪 60 年代网络的产生，标志着信息技术应用进入了一个新阶段。20 世纪 80 年代后，网络硬件应用技术的迅速发展直接带动了数字产品的发展。

第二，内容演化产品。传统内容产品主要是传播内容的产品，如新闻、书刊（含报纸）、电影和音乐等。在传统市场上，人们可以通过订阅或购买报纸和杂志来获取新闻。在现代网络条件下，大量信息被数字化，且多数新闻网站免费向消费者提供信息。传统的书报发生变化，充分反映了这一新特点，传统内容产品完全演化成数字产品。

第三，完全无形数字产品。数字产品，特别是与服务业高度结合的产品，完全是无形的产品，如各种票据和支付系统。传统上，我们通常将纸质货币作为交换媒介；在网络环境下，货币和传统的金融工具都可以数字化，成为数字产品，通过各种网络支付系统，人们的日常消费可以通过数字化方式完成支付，这种数字化交易方式提高了社会运行效率，降低了社会交易成本。

第四，混合数字产品。很多数字产品，特别是纯数字化产品，在生产和使用过程中需要多种产品配合使用，如计算机需要硬件和软件配合，电子阅读器也必须安装阅读软件才能登录数字图书馆阅读电子书籍或查询资料。这些产品本质上是一种混合数字产品。

2. 数字产品经济特征

数字经济表现为数字产品。从经济意义上分析，数字产品的经济特征具有以下几个方面。

第一，产品易变性。无论哪一种数字产品，其外观和内容都易发生改变。很多数字产品完全可以做到个性化定制，如计算机可以选择不同的软件和硬件配置，这种改变不会引起成本的同步增长。

第二，产品具有可复制性。物质产品虽然也可以复制，但相对于数字产品，物质产品的复制成本高。数字产品具有较强的可复制性，复制的成本较低，而抑制复制的成本却比较高。数字产品的这一特征提升了知识产权的保护难度和维权的成本。

第三，数字产品创新快。数字产品符合摩尔定律和梅特卡夫定律。摩尔定律认为计算机芯片的功能每 18 个月翻一番，而价格下降一半。从 20 世纪 60 年代提出直至今天，摩尔定律仍然在起作用。梅特卡夫定律则指出网络价值是网络节点的平方。这两个重要定律表明数字产品的创新速度极其迅速。

第四，纯数字化产品使用时具有非排他性。数字产品中的纯数字产品在使用时不具有排他性，这与一般物质产品有本质的不同。传统的报纸、图书等物质产品在特定时间使用时具有排他性，但是数字化的报纸、图书不具有排他性。因为数字产品具有非排他性，所以数字经济的外部性主要是正的外部性，较少有负的外部性。网络外部性是指当采取同样行动的代理人的数量增加时，该行动产生的净价值的增量会增长。数字产品市场和电子商务市场中普遍存在网络外部性。

第五，成本急速下降和资产形态轻型化。数字产品的成本有这样的特征，即随着规模的扩大，平均成本急速下降。在资产表现形态上则是以轻资产为主。数字产品的成本结构特征可以概括为：研究与开发成本高，生产制造成本低；生产过程固定成本高，变动成本低；销售过程生产成本低，销售成本高。总之，数字产品的沉淀成本高，边际成本低。数字产品的这种成本结构特征决定了它与非数字产品相比更适合采用市场价值定价法进行定价。首先，与传统制造产品不同，数字产品使厂商几乎不受折旧和持续生产能力的限制，厂商易于形成边际报酬递增效应。因此，数字产品厂商一般不需要像传统工业时代的厂商那样极力寻找规模经济的平衡点。其次，与传统制造产品不同，消费者对同一数字产品的需求具有更强的多元化特征，对同一产品具有离散性更强的预期价值。基于数字产品的上述两个市场特征，数字产品厂商不适合采取以生产者为导向的定价策略或成本定价方式，更适合采取以消费者为导向的定价策略或价值定价方式。

（三）数字经济测算与统计

为了便于统计和经济测算，各国都在对数字经济进行范围界定。从目前的实践情况分析，各国对数字经济的范围界定略有差别。美国侧重于将数字经济视为可测量的电子商务与信息技术产业之和，将数字经济分为三大组成部分，分别是基础设施、电子商务流程（如何进行商务活动）和电子商务贸易。俄罗斯则在定义中明确了数字经济是保障国家利益的经济活动。俄罗斯联邦政府下属专家委员会于 2017 年 1 月 23 日提交了一份关于发展“数字经济”的提议，将数字经济定义为以保障俄罗斯联邦国家利益（包括提高国民生活水平和提高国家经济竞争力）为目的的在生产、管理、行政等过程中普遍使用数字或信息技术的经济活动。韩国的定义则更为泛化，直接将数字经济定义为以包括互联网在内的信息通信产业为基础进行的所有经济活动，包括电子交易、互联网购物、搜索服务等。法国经济财政部下属的数字经济监测中心将数字经济定义为依赖信息通信技术的行业；法国数字经济协会则认为数字经济包括电信行业、视听行业、软件行业、互联网行业，以及那些需要运用电信、视听、软件、互联网技术来支持自身活动的行业。OECD 将数字经济定义为通过电子商务实现和进行的商品和服务贸易。英国侧重于从产出的角度理解数字经济，英国研究委员会认为数字经济通过人、过程和技术发生的复杂关系来创造社会经济效益；英国国家经济社会研究院认为数字经济是指各类数字化投入带来的全部经济产出，数字化投入包括数字技能、数字设备（软硬件和通信设备）以及用于生产环节的数字化中间产品和服务。澳大利亚将数字经济理解为一种社会进程，相关报告认为，数字经济通过互联网、移动电话和传感器网络等信息通信技术实现经济和社会的全球网络化。

2016 年 G20 杭州峰会发布的《二十国集团数字经济发展与合作倡议》认为，数字经济是指以使用数字化的知识和信息作为关键生产要素、以现代信息网络作为重要载体、以信息通信技术的有效使用作为效率提升和经济结构优化的重要推动力的一系列经济活动。[①] 随着信息通信技术不断向纵深发展，数字经济范围愈加宽广，渗透所有产业。数字经济是随着信息技术革命的深入发展而产生的现代经济形态，而 5G 作为信息技术革命的最新成果，对数字经济的发展完善具有重大意义。[②] 数字经济范围广泛，与各产业都形成了紧密融合的关系，目前全球还没有一个关于数字经济的统一统计标准。学界和政府部门对数字经济的测度方法一般分两类：一是直接法，即在界定范围内统计或估算一定区域内数字经济的规模体量；二是对比法，即基于多个维度的指标对不同地区间的数字经济发展情况进行对比，得到数字经济或具体领域发展的相对情况。基于研究视角的不同，我们可以把数字经济分为以下几个层次：一是直接的信息技术生产，包括计算机制造、通信设备制造、电子设备制造、电信服务、广播电视和卫星传输服务、软件和信息技术服务；二是网络技术的直接应用，包括大数据、人工智能、5G、互联网零售、互联网金融、游戏、数字出版等；三是应用互联网提升行业生产效率，包括工业互联网、新型智能基础设施、新型通用技术等。不论从哪个视角定义数字经济，最核心、最本质的内容是

① 马化腾等：《数字经济》，中信出版集团，2017。
② 李正茂、王晓云、张同需：《5G +》，中信出版集团，2019。

信息技术和互联网。

根据世界银行提供的数据，2019年欧盟经济总量约占世界经济总量的15.77%，然而欧洲数字企业总市值占全球数字企业总市值的比例不到4%。据欧洲知名智库布鲁盖尔研究所统计，截至2019年9月，美国拥有194家“独角兽”企业，欧盟仅有47家。2018年，在全球人工智能初创企业前100名中，只有4家来自欧洲。

对数字经济发展的竞争力进行分析，全球数字经济竞争力最强的国家是美国，中国排在第三位。上海社会科学院王振、惠志斌研究员主编的数字经济蓝皮书《全球数字经济竞争力发展报告（2020）》中对世界主要国家数字经济发展水平的排名显示，我国数字经济具有较强的竞争力。2020年世界主要国家数字经济竞争力评价结果与排名如表1所示。

表1　2020年世界主要国家数字经济竞争力评价结果与排名

单位：分

排名	国　家	数字产业	数字创新	数字设施	数字治理	得分
1	美　国	46.76	80.19	69.89	86.54	70.84
2	新加坡	27.55	82.18	50.53	67.43	56.92
3	中　国	65.31	51.52	46.07	49.65	53.14
4	韩　国	12.85	68.48	46.33	65.40	48.27
5	英　国	20.32	65.37	33.42	72.80	47.98
6	日　本	12.66	73.45	39.09	65.40	47.15
7	芬　兰	3.07	85.54	33.51	63.77	46.47
8	瑞　典	9.32	69.71	38.18	62.82	45.01
9	澳大利亚	9.99	60.56	37.55	68.06	44.04
10	荷　兰	6.55	63.62	34.68	70.95	43.95
11	德　国	19.13	70.87	28.52	57.26	43.94

资料来源：王振、惠志斌主编《全球数字经济竞争力发展报告（2020）》，社会科学文献出版社，2021。

专栏一　数字经济竞争

2020年欧盟委员会公布了一系列数字化转型规划，旨在加速追赶数字时代，全面提升在数字经济领域的竞争力。调查显示，数字化转型将成为促进欧盟经济复苏的重要方向。

欧洲国家的通信设备普遍老旧。经合组织的调查结果显示，2019 年法国、瑞士、荷兰、波兰等国的固定宽带光纤入户比例不到 20%，德国和比利时分别只有 3.6% 和 0.98%，韩国和日本则分别高达 81.7% 和 79%。欧洲农村地区宽带接入用户比例低于城市，人口低密度地区由于光纤接入成本高，不少用户对于将老旧铜缆接入改为光纤的意愿不强，导致光纤覆盖率低。5G 网络建设成本高昂、频谱拍卖进展缓慢、运营商资金压力大等，也是制约欧洲改善数字基础设施的因素。

欧盟面临监管与共享的矛盾，建立单一数字市场挑战重重。欧盟对个人数据隐私、垄断规则、数据安全等有着较高关切。欧盟先后出台《通用数据保护条例》《欧盟非个人数据自由流通条例》《网络安全法案》等多项文件，加强数据安全管理，2020 年提出《数字服务法》草案，进一步规范数据监管。然而，加强数据监管有可能在技术上制约本土企业对数据的有效运用，阻碍相关产业的数字化进程。例如，《通用数据保护条例》对医疗记录、自动驾驶和面部识别等敏感数据加强了监管，加大了人工智能企业采集数据的难度。

正是由于涉及个人信息收集和处理的技术开发必须遵守《通用数据保护条例》，直到 2020 年 3 月底，欧盟国家才陆续开始启用数字手段防控疫情。欧盟各成员国在数据使用及监管政策方面不尽相同，欧盟需要做大量协调工作，才能推出欧盟层面统一的数字化疫情防控手段。成员国和欧洲各研究机构之间缺乏协调，一些企业拒绝开放数据访问权限，这也阻碍了不同来源数据的合并。

欧洲数字企业普遍缺乏扩大规模所需的资本。欧洲 40% 的风险投资资金来自公共部门，投资趋于谨慎。欧洲民众的数字技能也有待提升。欧洲职业培训发展中心的调查显示，欧盟成员国中超过七成的成年劳动力需要掌握基础的信息通信技术才能胜任工作。民众在疫情期间也因缺乏相应的数字技能而不能顺利进行远程教学、远程办公以及网购生活用品等。

欧盟已经推出多项法案，加快数字化转型进程。2015 年 5 月，欧盟委员会公布了“数字化单一市场”战略的详细规划。2020 年 2 月以来，欧委会公布了一系列数字化转型规划，包括指导欧洲如何适应数字时代的总体规划以及《欧洲数据战略》《人工智能白皮书》《欧洲新工业战略》等。欧盟希望在 2025 年前，将欧盟家庭网速至少提升至每秒 100 兆比特，并快速提升企业、学校、医院及其他公共机构的网速；实现欧盟民众网络基础知识普及率从目前的 57% 提升至 70%；至少培养 50 万名信息技术领域专家。

根据《欧洲数据战略》，欧盟计划建立一个统一的数据市场，解锁尚未得到利用的数据，使数据能在欧盟内部流动，实现产业、学术、政府等部门共享。欧盟在《人工智能白皮书》中提出，未来 10 年，每年将投入 200 亿欧元用于人工智能技术研发和应用。

“数字欧洲”协会发布的调查显示，90% 的受访企业支持将大规模数字化转型作为促进经济复苏的主要刺激措施。《金融时报》援引一位欧盟官员的话说，新冠疫情使人们认识到及时获取高质量数据的重要性。比如，在加速研发疫苗时，人们才意识到需要依靠更广泛的数据库，欧盟应重新调整优先事项和不同机构的工作方式，以适应急剧变化的形势。

欧洲理事会正在制定数字领域的政策措施，尤其是数字教育、电子政务、数据共享等领域的政策措施。欧盟在疫情过后将重新定义并扩大其数字主权，建立一个基于规则和标准的数字空间。占据行业主导地位的数字企业，特别是美国企业将面临更严格的监管。

资料来源：方莹馨：《加快转型，欧盟提升数字经济领域竞争力》，《人民日报》2020 年 6 月 3 日。

二　数字经济产业分析框架

数字经济是一个新概念，从数字经济涉及的领域分析，数字经济具有以下四个基本特点。第一，数字经济的渗透力强。数字经济和信息技术、互联网是紧密相连的。随着信息技术的进步、互联网的发展，数字经济的范围也在不断扩大。复杂的高科技融入社会的方方面面，旧的秩序被颠覆，新的秩序建立起来。凯文·凯利在谈到新经济对社会的影响时认为，新经济引发了整个人类社会结构的剧变，这比以往数字经济的硬件革命还要剧烈。马化腾认为互联网已经不再是虚拟经济，而是经济社会不可分割的一部分。经济社会每一个细胞都需要由互联网联系起来，互联网与世间万物共生共存，这会成为大趋势。第二，数字经济突破了传统经济理论的边界。传统经济理论认为，在经济活动过程中，既存在规模经济，也存在范围经济。数字经济突破了这一传统经济学思维定式，产生了长尾理论。随着互联网的发展，逐渐产生了利基的概念。一个小众的产品，在传统的经济活动中很难获得利润，而在互联网时代，小众产品也能获得较大利润。第三，数字经济改变了社会的运行机制，如数字政务、智慧社会、智慧城市等，大量使用数字化方式进行管理，提高社会的管理精度和效率。第四，数字经济改变了企业的资产结构和分工。传统经济发展依靠大量的资本要素投入，是一种典型的重资产经济。数字经济改变了这一投资模式，由资本要素投入为主转变为人力资本要素投入为主。通用汽车是传统经济的代表，Google、Facebook、腾讯、百度、阿里巴巴等是数字经济的代表。

数字经济在社会治理、电力、运输、通信、物流等方面的运用，极大地提升了这些行业的运行效率。沃尔玛是典型的传统服务企业，但该企业较早接触了数字化应用。20 世纪 70 年代，沃尔玛建立了物流管理信息系统（MIS），负责处理系统报表，加快了运作速度。20 世纪 80 年代初，沃尔玛与休斯公司合作发射物流通信卫星，物流通信卫星使沃尔玛产生了跨越式发展。1983 年沃尔玛采用了 POS 机，即销售时点数据系统；1985 年建立了 EDI，即电子数据交换系统；1986 年又建立了 QR，称为快速反应机制，快速拉动了市场需求；2000 年沃尔玛建立了电商网站 Walmart. com；

2000年11月19日，沃尔玛深圳山姆会员网上商店悄悄上线；2016年沃尔玛以33亿美元收购电商企业jet.com。目前沃尔玛公司在11个国家建有在线零售业务，是全球第四大网络零售商。

数字经济发展水平是经济增长的风向标。近年来，在各国经济增长中，数字经济的增长速度明显快于GDP的增长速度，数字化程度每提高10%，可以拉动GDP增长0.5%～0.62%。[①] 未来各国的经济增长状况在很大程度上取决于数字经济发展水平。

从数字经济占GDP的比重来分析，中国的数字经济正在接近发达国家水平。1996年中国的数字经济占GDP的比重仅为5%，而同期美国、英国、日本分别为32.9%、22.7%、21.2%。20年后的2016年，中国所占比重达到了30.16%，美国、英国、日本分别是59.2%、54.5%、45.9%。中国数字经济占GDP的比重与发达国家的差距在不断缩小。2016年中国、美国、日本数字经济与GDP增长情况如图1所示。

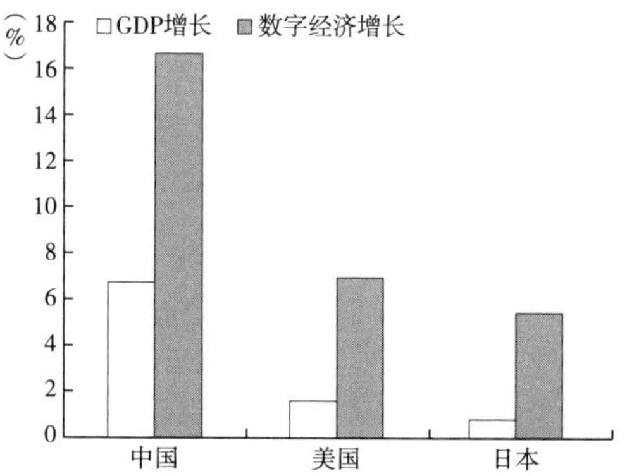

图1　2016年中国、美国、日本数字经济与GDP增长情况

资料来源：马化腾等《数字经济》，中信出版集团，2017。

典型的数字经济能够在短时间内促使社会财富急剧扩张，与数字经济相关的公司创造的财富能在短时期内超过有几十年或上百年历史的传统公

① 马化腾等：《数字经济》，中信出版集团，2017。

司，数字经济的造富功能强大。

2020 年 3 月 19 日美国典型上市公司市值情况如表 2 所示。

表 2　2020 年 3 月 19 日美国典型上市公司市值情况

单位：亿美元

公　　司	行　　业	市　　值
纽约时报	传统媒体	48.6
美国银行	传统银行	1849.7
得州仪器	高科制造	948.3
美国铝业	传统制造	10.8
通用电器	传统电器	563.8
波　　音	传统制造	551.3
可口可乐	传统制造	1795.9
沃 尔 玛	传统零售	3389.3
迪 士 尼	传统娱乐	1713.9
推特公司	数字媒体	189.0
亚 马 逊	新 零 售	9636.5
谷歌公司	数字媒体	7665.2
苹果公司	数字综合	10710.3
eBay	新 银 行	235.6

资料来源：根据美国上市公司交易实时数据整理，时间是 2020 年 3 月 20 日（中国时间）。

数字经济造富功能在中国表现得尤为显著，腾讯、阿里巴巴等为典型代表。1998 年腾讯创立时，只是一家小公司，现在腾讯公司已经是中国互联网企业巨头之一。马云创立的阿里巴巴初期也是只有几十人的小公司，现在已成为一家跨国企业。2021 年阿里巴巴和腾讯市值均超过 5000 亿美元。

数字经济的概念比较宽泛，现代经济的各领域都有数字经济的影子，可以说数字经济是“影子经济”。分析一个产业，需要确定产业的边界。产业分类方法有很多，主要包括原料关联分类法、用途关联分类法、战略关联分类法、技术关联分类法等。根据数字经济的特性，使用技术关联分类法比较合适。技术关联分类法是指按照一些比较密切的技术关联关系，划分企业的经济活动。这些企业的经济活动集合要么具有相似的技术、工艺，要么具有相似的生产工具、生产流程和管理技术等。根据这个分类法则，我们可以针对数字经济构建一个基本分析框架，从数字服务业、电子制造业、工具产业、混合产业四个层次对数字经济进行分析（见图2）。

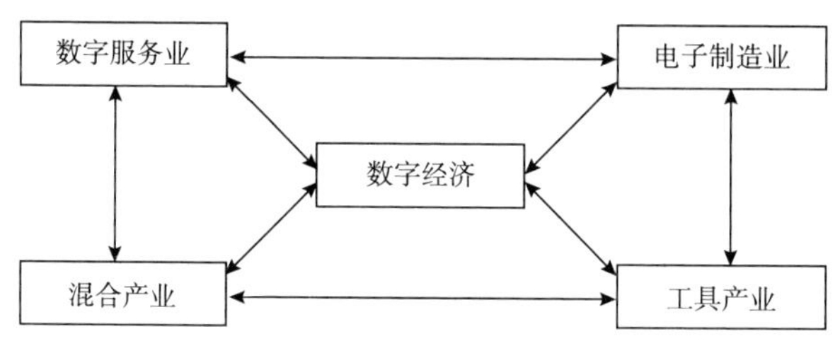

图2　数字经济分析框架

工具产业包括数字经济的基本应用软件和网络，如安卓系统、苹果iOS系统等，没有工具产业，数字经济的发展就缺乏基础。电子制造业是数字经济发展的硬件，没有电子制造业的发展，数字经济就只是一个贵族玩家的游戏，无法构成产业。工具产业和电子制造业构成了数字经济的基本内容。数字服务业是在工具产业和电子制造业的基础上发展起来的一个产业。数字服务业是一个具有高附加值的高端服务业，以人力资本为基础。混合产业是指数字经济渗透到各行业，如农业产业数字化、城市基础设施产业数字化、文体产业数字化等。

三　数字经济发展状况

我国经济进入新常态，由原来的高速增长阶段进入高质量增长阶段。2001～2019年我国GDP增长情况如图3所示。

我国数字经济的增长与整体宏观经济的增长并不一致，数字经济在我国还处于高速增长阶段。与数字经济最密切的产业，如软件和信息技术服务业，增长速度较快。

我国数字经济发展水平总体上还比较落后，但近年来我国数字经济发展速度较快，特别是近十多年来，我国数字经济产业发展迅猛，基本跟上

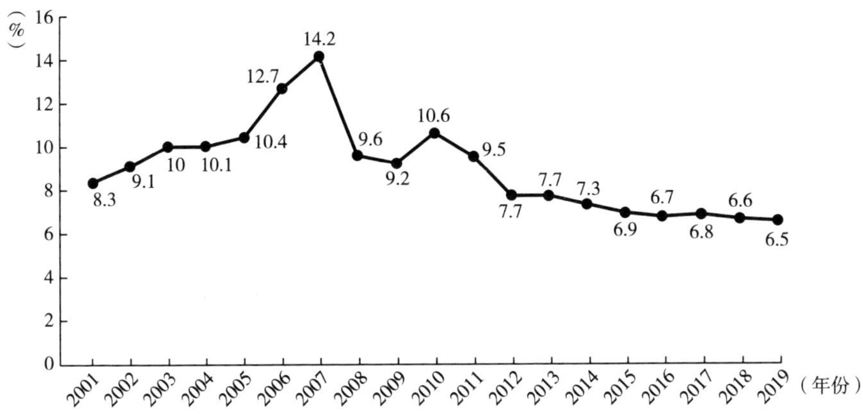

图 3　2001～2019 年我国 GDP 增长情况

资料来源：根据国家统计局历年统计公报数据整理。

了发达国家的步伐，充分体现了我国的市场优势和创新优势。2014～2019 年我国软件和信息技术服务业全国发展指数如图 4 所示。根据数字经济分析框架和统计概念，我们对中国数字经济各部分发展状况做简要分析。

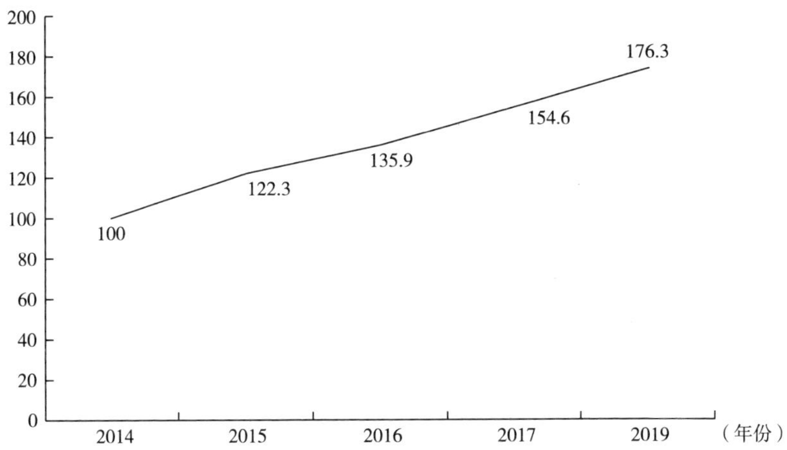

图 4　2014～2019 年我国软件和信息技术服务业全国发展指数

资料来源：根据中国产业信息网公开数据整理。

2018 年我国有各类数字经济企业 13.4 万户左右，总资产 211.7 万亿元，营业收入 11.5 万亿元（见表 3）。

表3 数字经济相关企业总体情况

	法人企业数量（万户）	总资产（万亿元）	营业收入（万亿元）
2013 年	7.37	105.85	8.10
2018 年	13.40	211.70	11.50

资料来源：文兼武：《我国信息技术产业蓬勃发展，动力强劲》，人民网，2020 年 1 月 22 日。根据该文数据整理。

（一）工具产业

数字经济的发展与网络基础设施的发展紧密相关。近年来，我国数字经济的基础设施投入提速。2019 年我国推进网络 IT 化、软件化、云化部署，筑牢智慧运营基础，构建云网互联平台，提高为各行业提供服务的网络能力；不断消除 4G 覆盖盲点，持续提升移动通信核心网能力，推动软件服务发展加速。

1. 基础网络发展

基础网络是数字经济产业的支柱，没有基础网络的发展，就没有数字经济产业的发展。根据工信部的资料，2019 年我国新建光缆线路长度达 434 万公里，全国光缆线路总长度达 4750 万公里。截至 2019 年 12 月底，互联网宽带接入端口数量达 9.16 亿个，比上年末净增 4826 万个。其中，光纤接入（FTTH/0）端口比上年末净增 6479 万个，达到 8.36 亿个，占互联网接入端口的比重由上年末的 88.9% 提升至 91.3%；XDSL 端口比上年末减少 261 万个，总数降至 820 万个，占互联网接入端口的比重由上年末的 1.2% 下降至 0.9%。

2020 年，全国净增移动电话基站 90 万个，总数达 931 万个。其中，4G 基站总数为 575 万个（见图 5）。5G 网络建设已经成为新基建的重要投资方向，在一些重点城市，5G 网络覆盖率不断提高，实现了展览会、重要场所、重点商圈、机场等的室内覆盖。

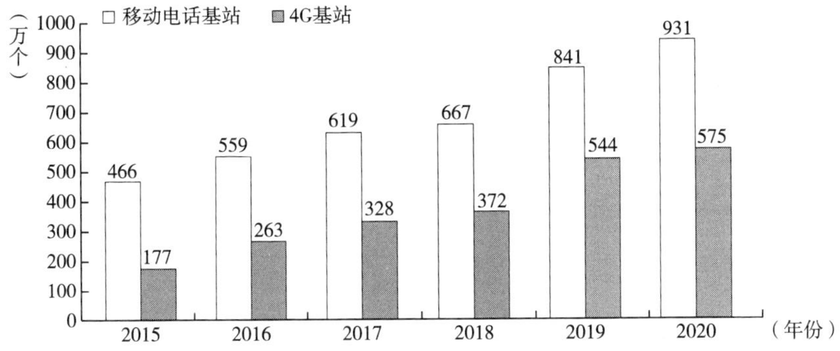

图 5　2015～2020 年移动电话基站发展情况

资料来源：中华人民共和国工业和信息化部网站。

数字经济是我国近年来的投资重点，也是我国未来经济增长的发力点，新基建投资主要体现在数字经济方面的投资。根据中华人民共和国工业和信息化部发布的《2020 年通信业统计公报》，2020 年底我国三家基础电信企业的固定互联网宽带接入用户总数达 4.84 亿户，全年净增 3427 万户。其中，100Mbps 及以上接入速率的固定互联网宽带接入用户总数达 4.35 亿户，占固定互联网宽带接入用户总数的 89.9%，比上年末提高 4.5 个百分点；1000Mbps 及以上接入速率的用户数达 640 万户，比上年末净增 553 万户。

网络覆盖的城乡差距正在缩小，农村地区的宽带接入用户增长速度较快。截至 2019 年 12 月底，全国农村宽带用户全年净增 1736 万户，总数达 1.35 亿户，比上年末增长 14.8%，增速较城市宽带用户高 6.3 个百分点。在固定互联网宽带接入用户中占 30%，比上年末提高 1.2 个百分点。2020 年农村宽带接入用户达到了 1.42 亿户，如图 6 所示。

物联网用户和 IPTV 用户不断增长。截至 2019 年 12 月底，三家基础电信企业发展蜂窝物联网用户达 10.3 亿户，全年净增 3.57 亿户。IPTV 用户全年净增 3870 万户，净增 IPTV 用户占净增光纤接入用户的 78.9%。

2. 软件信息技术

软件是所有信息技术进步的关键。从 20 世纪 90 年代开始，全世界计

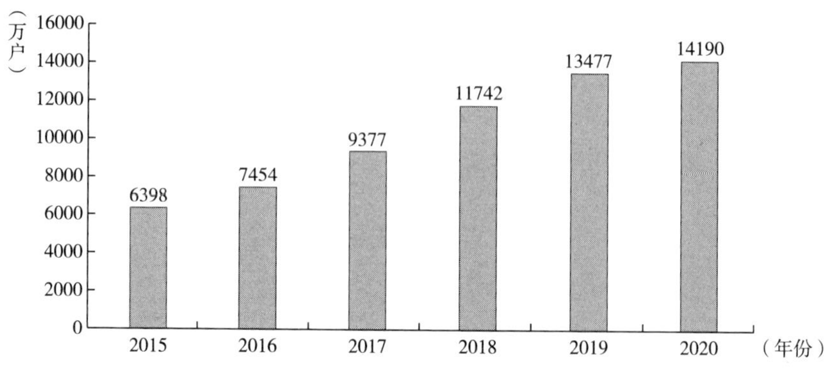

图 6　2015～2020 年农村宽带接入情况

资料来源：中华人民共和国工业和信息化部网站。

算机行业加速发展，其中一个重要原因是软件的进步降低了学习操作成本，带动了硬件产业的规模化发展。2015 年、2019 年，我国的软件信息技术产业发展情况如表 4 所示。

表 4　2015 年、2019 年软件信息技术产业发展情况

指　　标	单位	2015 年	2019 年	年均增速（%）
单位数量	个	38222	40857	1.68
软件业务收入	亿元	42848	71768	13.76
其中：1. 软件产品收入	亿元	13656	20066.8	10.10
2. 信息技术服务收入	亿元	22211	42574	17.66
3. 嵌入式系统软件收入	亿元	6981	7819.5	2.88
软件出口	亿美元	495	505.3	0.52
利润总额	亿元	5766	9362.2	12.88
从业人员平均人数	万人	574	673.2	4.07

资料来源：中华人民共和国工业和信息化部网站。

2015～2019 年我国软件业务收入增长速度比较稳定（见图 7）。2015 年我国软件业务收入增长率为 15.7%，2019 年仍然保持 15.4% 的增长速度。

软件业务收入的绝对量增长较大，由 2015 年的 42848 亿元增加到 2019 年的 71768 亿元，软件业务收入净增加 28920 亿元（见图 8）。

软件信息技术产业是一个以人力资本为主导的产业，是一个高附加值的行业。我国软件行业人均创收不断增长，但是增长速度不快，2012～2019 年

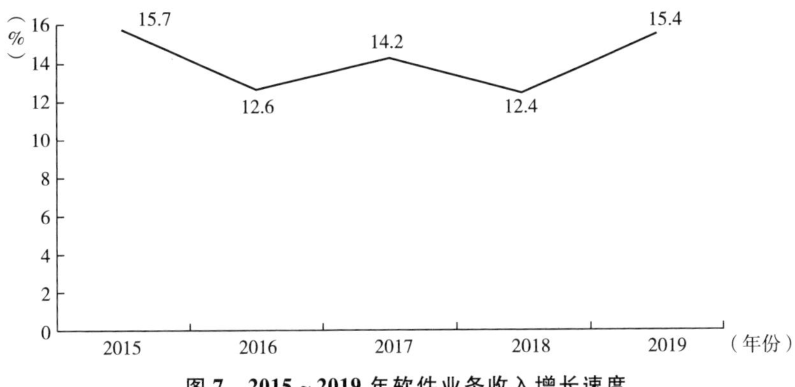

图 7　2015～2019 年软件业务收入增长速度

资料来源：中华人民共和国工业和信息化部网站。

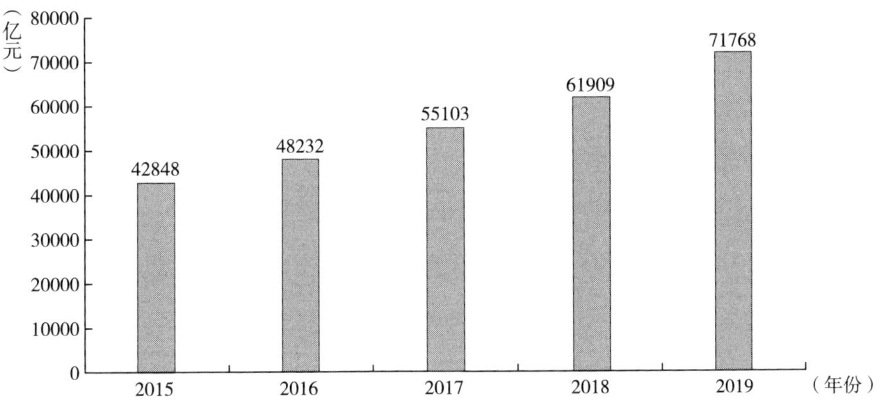

图 8　2015～2019 年软件业务收入的绝对量增长情况

资料来源：中华人民共和国工业和信息化部网站。

大部分年份的增长率低于 10%。这也说明我国的软件产业还有较大发展空间（见图 9）。

一个行业对人才的吸引程度取决于一个行业的薪酬水平，而薪酬与劳动生产率有直接关系。我国软件行业的劳动生产率虽有提高，但是增长速度不快，这对提高行业的薪酬水平有一定的影响。如果薪酬增长速度慢，就会降低行业对人才的吸引力。最近几年，我国软件行业的从业人员增长速度低于 6%。2019 年，全国软件业从业人数达 673 万人，增长速度仅为 4.3%（见图 10）。

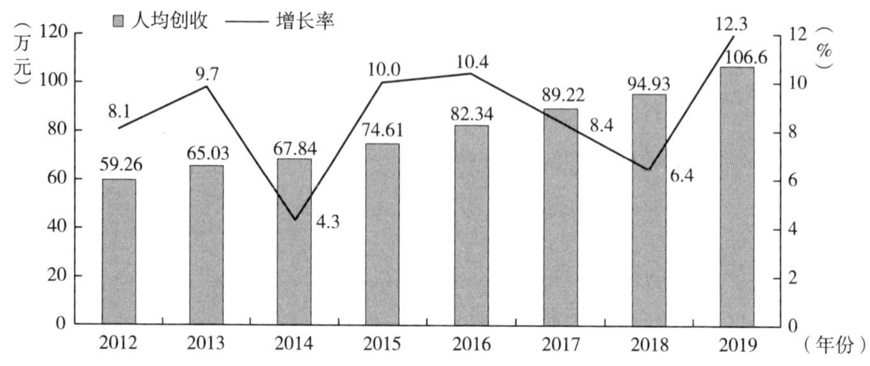

图 9　2012～2019 年软件业人均创收情况

资料来源：中华人民共和国工业和信息化部网站。

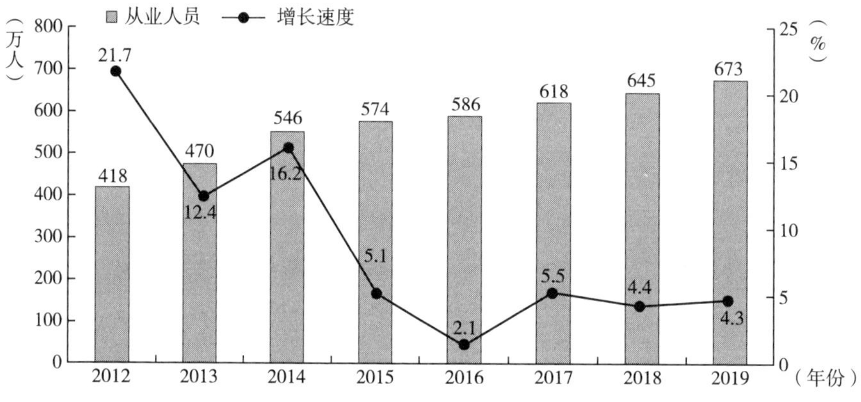

图 10　2012～2019 年软件业从业人员数量变化情况

资料来源：中华人民共和国工业和信息化部网站。

软件产业的发展不仅需要人力资源的投入，更需要创新能力的提升。2019 年重点软件企业研发投入强度接近 11%。大数据、云计算、人工智能等新技术迅速得到应用和扩展，产业活力不断增强，但作为数字经济重要产业的软件产业，在我国出口贸易中还不具有较强的竞争力，其出口水平受国际环境影响较大。由于中美贸易摩擦，2018 年和 2019 年软件出口出现了负增长（见图 11）。

如果我们进一步分析软件产业的收入结构，可以发现产品收入增长较快，嵌入式系统软件收入增长较慢。2019 年，软件产品实现收入 20066.8 亿元，同比增长 15.5%，占全行业比重为 28.0%；其中，工业软件产品实

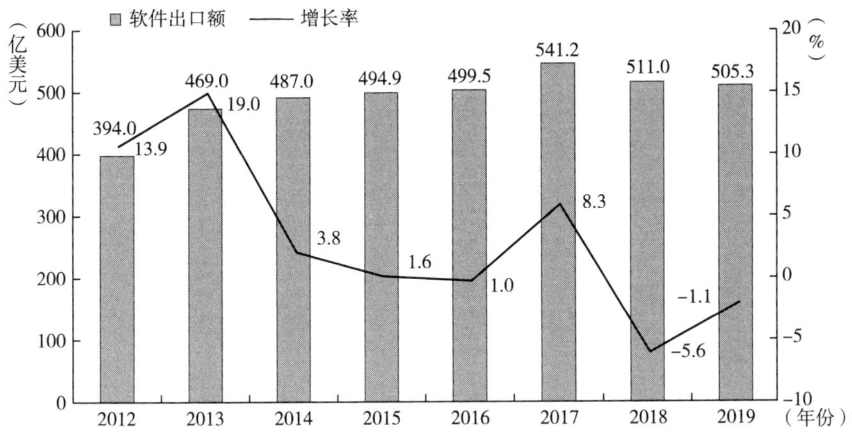

图 11　2012～2019 年软件业务出口增长情况

资料来源：中华人民共和国工业和信息化部网站。

现收入 1720 亿元，同比增长 14.6%，为支撑工业领域的自主可控发展发挥重要作用。信息技术服务实现收入 42574 亿元，同比增长 18.4%，增速高出全行业平均水平 3 个百分点，占全行业收入比重为 59.3%；其中，电子商务平台技术服务收入 7905 亿元，同比增长 28.1%；云服务、大数据服务共实现收入 3460 亿元，同比增长 17.6%。2019 年，嵌入式系统软件实现收入 7819.5 亿元，同比增长 7.8%，占全行业收入比重为 10.9%。嵌入式系统软件已成为产品和装备数字化改造、各领域智能化增值的关键性带动技术（见表 4）。

2010～2018 年，我国的软件产业年均增长 21.19%，其中软件技术增长超过 20%，达到 24.45%，软件出口年均增长为 8.43%（见表 5）。

表 5　2010～2018 年我国软件和信息技术服务业收入状况

单位：亿元，%

	软件业务	软件产品	软件技术	信息安全	嵌入式系统	软件出口
2010 年	13588.55	4930.53	6529.69	—	2128.33	267.35
2011 年	18848.89	6192.15	9583.07	—	3073.77	346.20
2012 年	24793.75	7857.14	12944.90	—	3991.61	394.24
2013 年	30587.47	9876.83	16030.53	—	4680.10	469.14

续表

	软件业务	软件产品	软件技术	信息安全	嵌入式系统	软件出口
2014 年	37026.42	12198.50	18711.09	—	6116.83	486.71
2015 年	42847.92	13656.14	22210.95	—	6980.82	494.87
2016 年	48232.22	15278.25	26090.42	—	7114.00	499.46
2017 年	55103.12	16983.57	30603.71	—	7515.84	541.16
2018 年	61908.74	17378.56	37563.08	1162.92	5804.18	510.66

资料来源：国家统计局网站。

我国软件产业发展不均衡，沿海地区主要软件业人才资源丰富，发展速度较快。2019 年东部地区实现软件业务收入 57157 亿元，占全国软件业的比重为 79.6%。但东北三省的软件产业发展水平确实有一点滞后，说明东北地区的数字经济仍存在发展潜力（见图 12）。

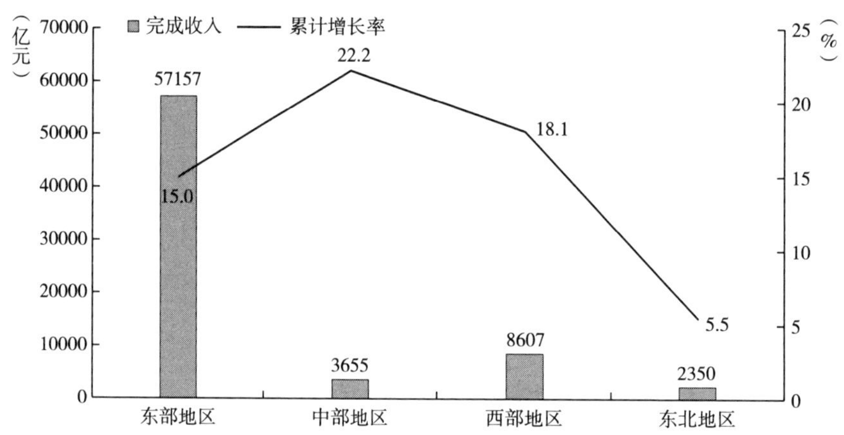

图 12　2019 年软件业分区域收入和增长情况

资料来源：中华人民共和国工业和信息化部网站。

2019 年，全国 4 个直辖市和 15 个副省级城市实现软件业务收入 59636 亿元，其中副省级城市实现软件业务收入 38640 亿元。副省级城市深圳、南京、杭州、广州等是我国软件产业的重要基地。2019 年排名前十的副省级城市软件业务收入和增长情况如图 13 所示。

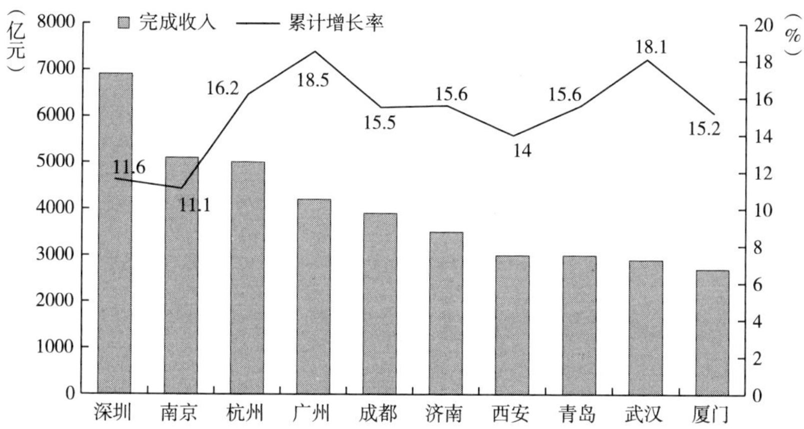

图 13　2019 年排名前十的副省级城市软件业务收入及增长情况

资料来源：中华人民共和国工业和信息化部网站。

（二）数字服务产业

数字服务产业主要是互联网和相关服务行业，它是数字经济的重要载体。2019 年我国规模以上互联网和相关服务企业（以下简称“互联网企业”）完成业务收入 12601 亿元，同比增长 28.6%（见图 14）。

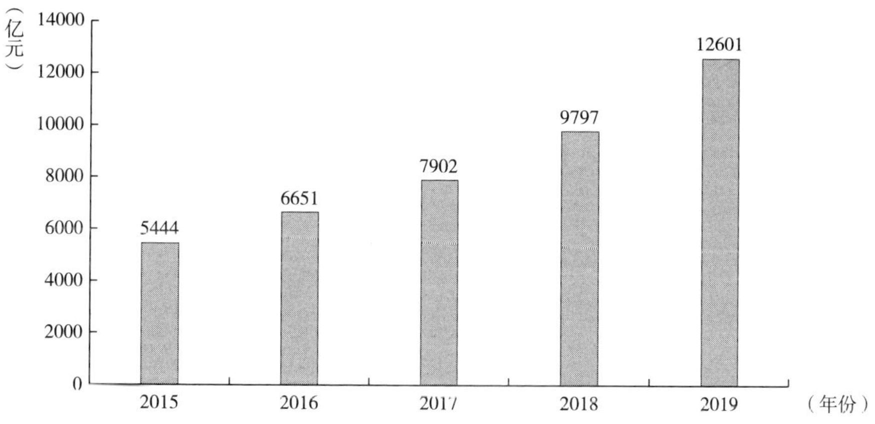

图 14　2015～2019 年互联网企业业务收入情况

资料来源：中华人民共和国工业和信息化部网站。

2017～2019 年，数字服务产业的研发投入占收入的比重均超过了 4%，每年增长 8% 以上（见表 6）。

表 6　2017～2019 年数字服务产业的研发投入情况

单位：亿元

	2017 年	2018 年	2019 年
研发投入	414	490	535

资料来源：中华人民共和国工业和信息化部网站。

电信业务是数字经济中主要的服务业务。近年来，我国电信业务增长放缓，但 2019 年我国固定通信业务收入和移动通信业务收入累计实现 1.31 万亿元，比上年增长 18.5%。其中，固定通信业务实现收入 4161 亿元，移动通信业务实现收入 8942 亿元。2014～2019 年移动通信业务和固定通信业务收入占比情况如图 15 所示。固定通信业务收入占比呈整体上升趋势。

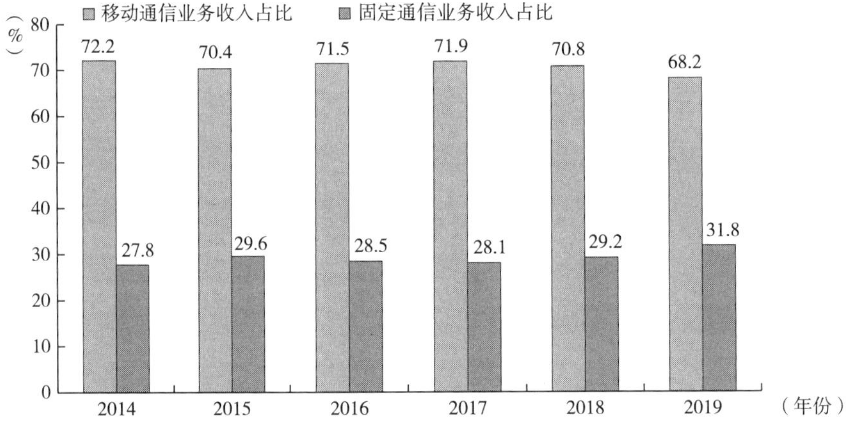

图 15　2014～2019 年移动通信业务和固定通信业务收入占比情况

资料来源：中华人民共和国工业和信息化部网站。

（三）电子制造业

我国信息产业的硬件生产部分比较优势突出。按国家统计局的数据，最近十年我国电子制造业发展较快，特别是我国推出《中国制造 2025》以后，电子制造业的增长速度快于制造业。2019 年，我国规模以上电子制造业增加值同比增长 9.3%，营业收入同比增长 4.5%，利润总额同比增长 3.1%，营业收入利润率为 4.41%。2019 年，电子制造业固定资产投资同比增长

16.8%。我国计算机、通信及其他电子设备制造业状况及其在工业中的占比如表7所示。2019年，我国共有计算机、通信及其他电子设备制造业企业18726家，其中大中型企业4357家、国有控股企业721家。我国计算机、通信和其他电子设备制造企业在全国规模以上工业企业中占有重要的地位，虽然企业数量占比不足5%，但创造了制造业部门11%以上的就业、10%以上的营业收入（见表7）。

表7　2019年我国规模以上工业状况

类　别	企业数（家）	总资产（亿元）	营业收入（亿元）	用工人数（万人）
全国	377815	1205868.9	1067397.2	7929.1
计算机、通信及其他电子设备制造业	18726	112957.9	111872.9	883.5

资料来源：2020年《中国统计年鉴》。

（四）混合产业

1. 电子商务

电子商务是现代信息技术、现代商务发展与经济社会发展融合的产物，日益成为一个国家或地区现代服务业的重要组成部分，电子商务发展水平也成为衡量一个国家或地区社会经济发展水平的重要指标之一。电子商务是我国数字经济产业中发展最快、最好的一个细分产业（见图16）。中国电子商务起源于20世纪90年代，由一个小众行业发展成了一个大众化的产业，规模不断扩大，并形成了全产业链。电子商务企业也形成了功能齐全的运作模式，境内境外跨地区的电子商务已形成规模。传统电商有淘宝、天猫、京东、苏宁易购、国美、亚马逊；新电商有拼多多、小红书、网易考拉、网易严选。2019年上半年，中国的网络零售总额已达到195209.7亿元，占社会零售总额的24.7%，截至2019年，中国移动电商用户规模突破7亿人。2019年全年网络零售额占全社会零售总额的30%。我国网络零售不断多样化，农村网购不断增长，网络销售方式不断创新。

2019 年我国农村网购突破 12000 亿元。由于 4G 普及和 5G 商用启动，抖音等短视频平台的助推，2019 年网络销售产生了直播带货的新营销方式。据 iiMedia Research 的数据，88.5% 的直播电商受访用户表示直播的方式能够强烈刺激他们的消费欲望，约三成直播电商受访用户称每周会观看 4 ~ 6 次直播，直播已经成为一种新的网络销售方式，渗透消费者的日常生活。

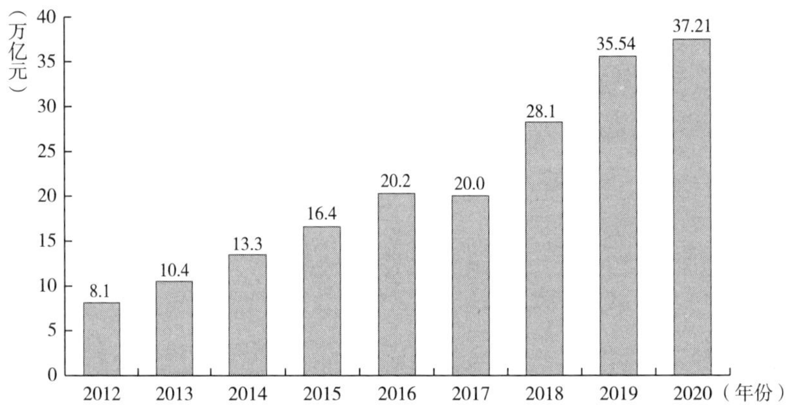

图 16　2012 ~ 2020 年中国电子商务市场交易规模

资料来源：国家邮政网和中国产业信息网。

2020 年的新冠疫情加速了电子商务增长，电子商务增长直接带动了快递业的发展。2020 年我国快递业总收入达到了 8794.4 亿元（见图 17）。

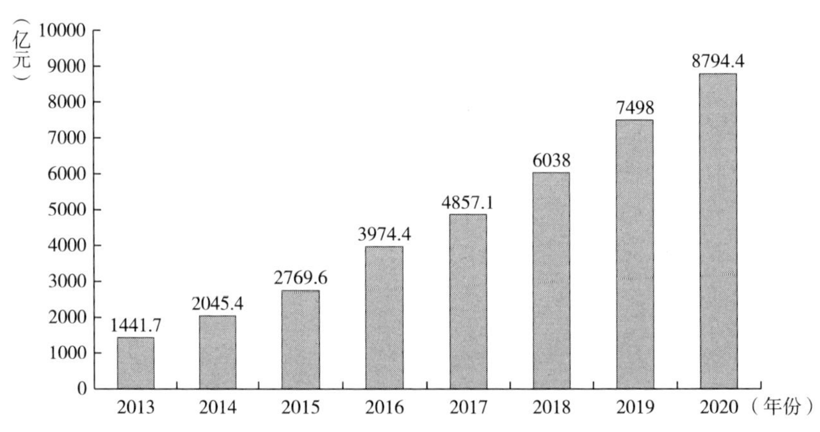

图 17　2013 ~ 2020 年中国快递业务收入走势

资料来源：国家邮政网。

2. 游戏产业

游戏产业是典型的数字经济。2019 年中国游戏本土市场和海外市场收入总额超过 3100 亿元，同比增幅达 10.6%。游戏产业中最活跃的中国移动游戏市场实际销售收入突破 1513.7 亿元，同比增长 13.0%。与游戏紧密相关的电竞产业也发展迅速，2019 年中国电子竞技游戏市场规模为 969.6 亿元，同比增幅达 16.2%，移动电竞成为主要驱动力。[①]

2016 年中国游戏市场规模超越美国，成为全球最大游戏市场，领先优势不断扩大，增量主要来自手游。2016 年中国游戏市场规模达 244 亿美元，超过美国的 236 亿美元。2017 年中国游戏市场规模达到 325 亿美元，占全球 1/4 以上的市场份额，与美国 254 亿美元规模的差距继续拉大。中国游戏市场规模的增长大部分来自手游，2017 年手游同比增速超过 40%。在增速方面，中国和美国最大的不同在于中国是一个互联网高度发达的社会，中国的移动互联网发达程度甚至超过美国。但日韩人均游戏产值最高，是中国的 5 倍左右，日本 1.3 亿人口实现了 124 亿美元游戏产值，韩国 5000 万人口实现了 40 亿美元游戏产值，日韩游戏付费率和 ARPU 值全球领先。

中国音数协游戏工委（GPC）与中国游戏产业研究院发布了《2020 年中国游戏产业报告》，报告总结了中国游戏产业 2020 年的发展状况。2020 年，我国游戏用户逾 6.6 亿人，中国游戏市场实际销售收入 2786.87 亿元，比 2019 年增加了 478.1 亿元，同比增长 20.71%，增速同比提高 13.05 个百分点（见图 18）。

2020 年，中国自主研发网络游戏国内市场实际销售收入达 2401.92 亿元，比 2019 年增加了 506.78 亿元，同比增长 26.74%（见图 19）。

① 温宝臣：《游戏行业“吸金”能力依旧》，《经济日报》2019 年 12 月 19 日。

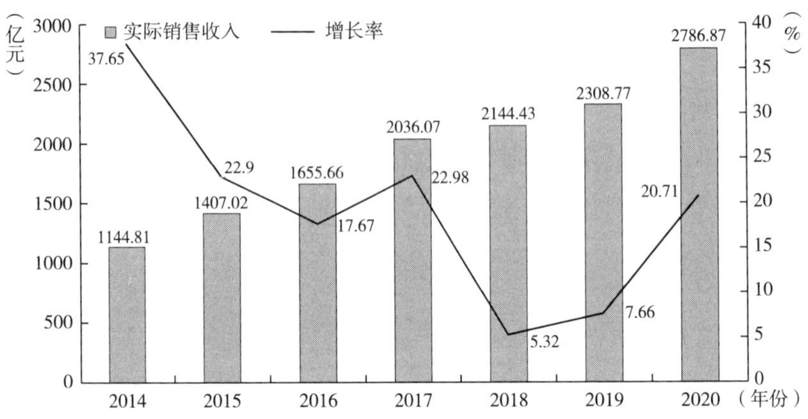

图 18　2014～2020 年中国游戏市场实际销售收入及增长率

资料来源：《2020 年中国游戏产业报告》。

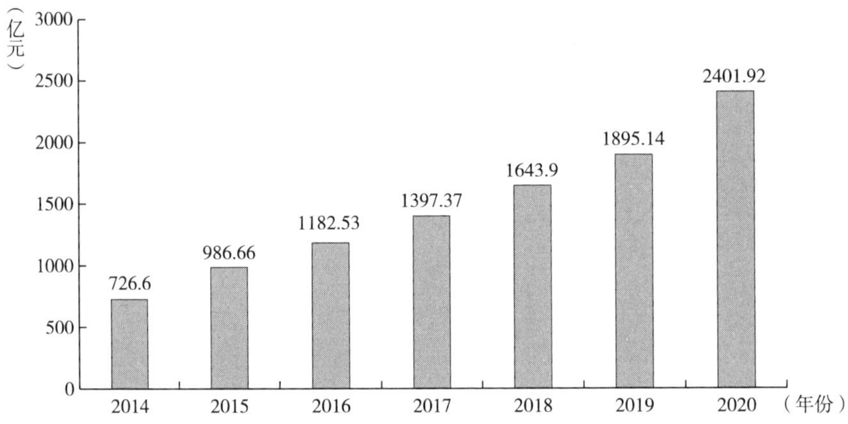

图 19　2014～2020 年中国自主研发网络游戏国内市场实际销售收入

资料来源：《2020 年中国游戏产业报告》。

2020 年，中国自主研发游戏海外市场实际销售收入达 154.50 亿美元，比 2019 年增加了 38.55 亿美元，同比增长 33.25%，增速同比提高 12.29 个百分点，“游戏出海”规模进一步扩大，国际化水平进一步提升（见图 20）。

3. 金融科技

从产业化角度分析，金融科技目前主要体现在支付方面，特别是第三方支付、互联网证券、互联网银行、互联网保险等快速发展。我国金融科技虽然正处于发展初期阶段，但发展速度较快。截至 2017 年，我国金融科

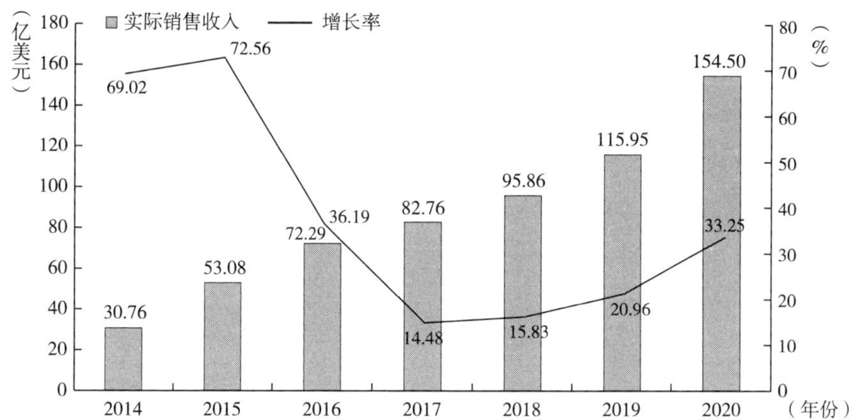

图 20　2014～2020 年中国自主研发游戏海外市场实际销售收入及增长率

资料来源：《2020 年中国游戏产业报告》。

技企业的营收总规模在 6541 亿元左右，同比增速为 55.2%。2020 年，中国金融科技营收规模将达 19704.9 亿元。2019 年，银行共处理电子支付业务 2233.88 亿笔，涉及金额 2607.04 万亿元；其中，移动支付业务 1014.31 亿笔，金额 347.11 万亿元，分别同比增长 67.57% 和 25.13%。2019 年，非银行支付机构发生网络支付业务 7199.98 亿笔，金额 249.88 万亿元，分别同比增长 35.69% 和 20.1%。非现金支付占整个支付系统的比重超过 70%，非现金支付主要包括电子支付、票据、银行卡以及贷记转账等形式。2019 年，我国非现金支付 1251 亿笔，支付金额 3687 万亿元，占整个支付系统比重超过 32%；其中，电子支付约 2500 万亿元，占非现金支付金额的 67.81%。2015～2020 年第三方移动支付金额如图 21 所示。

互联网证券发展趋势。移动支付的发展，给证券业务模式创新提供了范式。互联网证券主要以网络为载体向客户提供开户、交易、信息咨询等服务，边际成本相对更低。中国互联网证券行业主要包括三类竞争者：以线下业务为基础并引入线上平台的传统券商；单纯发展线上业务的纯互联网券商；发展了证券业务的互联网企业，特点是以互联网平台为基础提供一站式服务。

数据显示，截至 2020 年 6 月 30 日，中国 134 家证券公司共实现营业

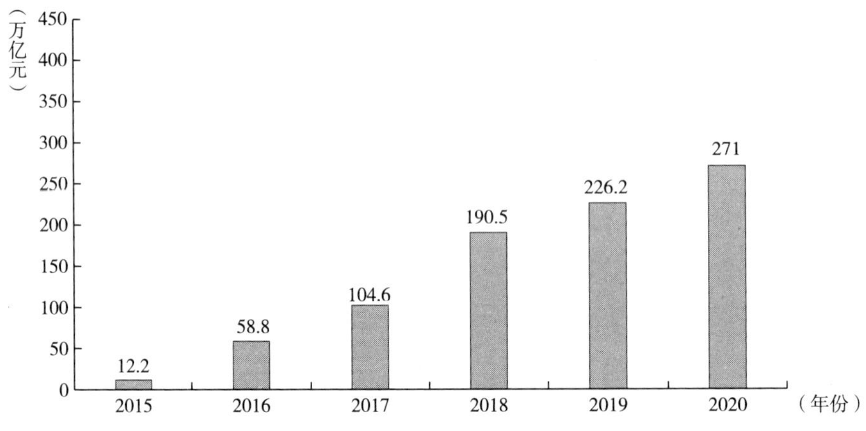

图 21　2015～2020 年第三方移动支付金额

资料来源：中国产业信息网。

收入 8.03 万亿元，受托管理资金的本金总额达 1.83 万亿元。随着中国资本市场的发展，证券业也保持稳定增长。2020 年第一季度，在各行业受到新冠疫情冲击的背景下，证券业仍有较好表现，中国证券市场逐渐走向成熟。中国证券行业近年来发展加速，主要是由于中国证券行业的技术进步加快，产生了一些新的业务形态，如互联网理财、网上开户等。2020 年，我国互联网理财用户规模达 6.05 亿人（见图 22）。

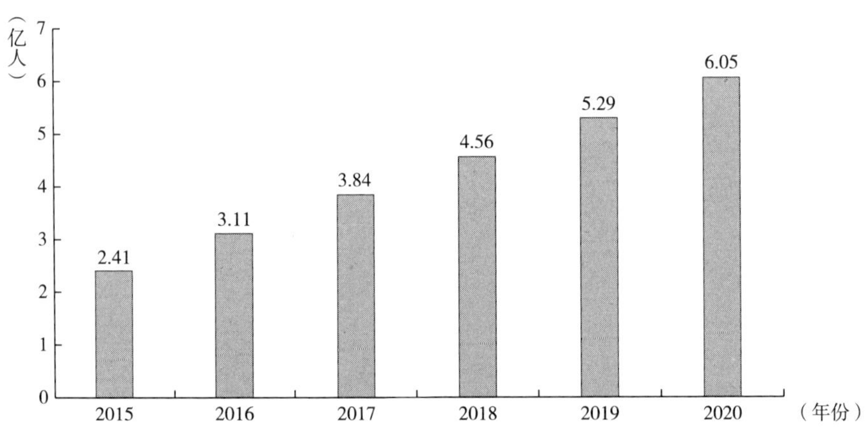

图 22　2015～2020 年中国互联网理财用户规模情况

资料来源：根据华经情报网资料整理。

中国证券类 App 用户规模稳定增长，2019 年已达到 1.11 亿人（见图 23）。线上券商平台能够简化交易手续、缩短用户交易时间，这是券商转型发展的主要方向。另外，纯互联网券商和垂直金融领域的互联网企业也将继续丰富业务类型，未来互联网券商覆盖的用户数量有望进一步增长。

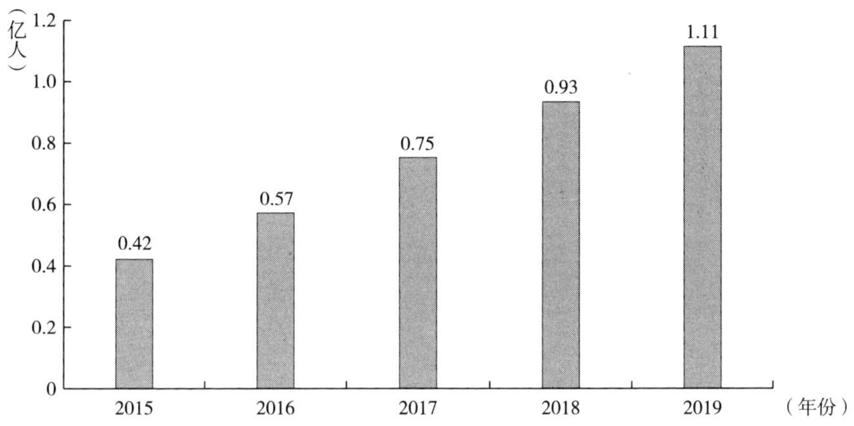

图 23　2015～2019 年中国证券类 App 用户规模发展情况

资料来源：根据华经情报网资料整理。

互联网银行发展现状。互联网公司纷纷参与设立民营银行，目前已有近 20 家民营银行获批成立，业务定位主要包括供应链金融、草根信贷、产业链金融、O2O 银行、B2B 金融服务、生活“互联网＋”金融等，其中有将近一半被直接定位为互联网银行。2014 年底，腾讯参与发起设立的微众银行开业，阿里巴巴蚂蚁金服参与的网商银行以及小米参与的新网银行分别于 2015 年中和 2016 年底开业，2017 年美团参与的亿联银行、苏宁云商参与的苏宁银行以及百度参与的百信银行也先后成立（见表 8）。

表 8　互联网公司参与设立民营银行情况

银　　行	开业时间	注册资本（亿元）	参与的互联网公司
微众银行	2014 年 12 月 28 日	42	腾讯持有 30% 股权
网商银行	2015 年 6 月 25 日	40	蚂蚁金服持有 30% 股权
新网银行	2016 年 12 月 28 日	30	小米持有 29.5% 股权，与新希望、红旗连锁等共同设立

续表

银　　行	开业时间	注册资本（亿元）	参与的互联网公司
亿联银行	2017 年 5 月 16 日	20	美团关联方为第二大股东，持股 28.5%
苏宁银行	2017 年 6 月 16 日	40	苏宁云商为第一大股东，持股 30%
百信银行	2017 年 11 月 18 日	20	中信银行控股 70%，百度控股 30%

资料来源：中国产业信息网。

互联网保险发展情况。互联网保险是指保险公司或新型第三方保险以互联网和电子商务技术为工具来支持保险销售的经营管理模式。当前持有互联网保险牌照的保险公司有众安保险、泰康在线、易安保险和安心保险。截至 2019 年，共有 129 家保险机构经营互联网保险业务，传统保险公司大多已经通过自建网站或与第三方平台合作等模式开展了互联网保险业务，保险公司基本已全部触网。

62 家已开展互联网保险业务的人身保险公司提供的 2019 年经营数据表明，2019 年互联网人身保险市场发展良好，经营主体稳定，经过近两年的调整，互联网人身保险规模保费恢复正增长，全年累计实现规模保费 1957.7 亿元，同比增长 64.1%（见图 24）。

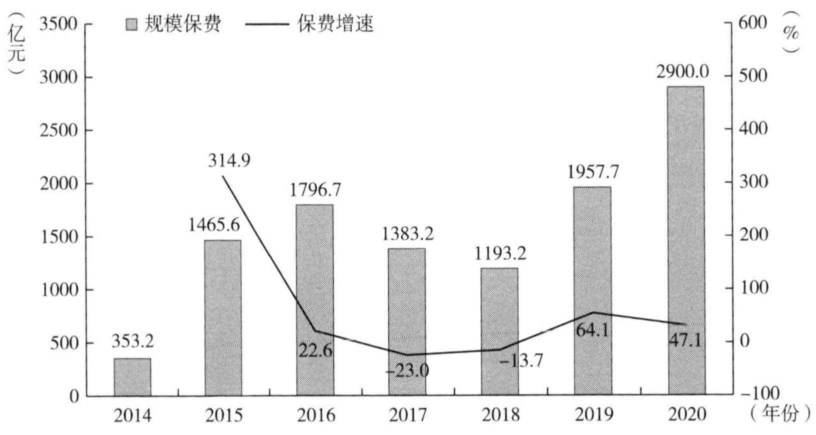

图 24　2014～2020 年中国互联网人身保险市场发展情况

资料来源：中国保险行业协会网站。

2019年排名前十的互联网人身保险公司累计实现规模保费1624.8亿元，占互联网人身保险规模保费总额的83%；排名前五的公司实现规模保费1262.6亿元，占互联网人身保险规模保费总额的64.5%，行业集中程度较高（见表9）。规模保费排名前列的中资保险公司和银行系保险公司占比较大。

表9　2019年互联网人身保险规模保费前十名

单位：亿元

序　号	公　司	规模保费
1	国华人寿保险股份有限公司	379.8
2	中邮人寿保险股份有限公司	319.2
3	工银安盛人寿保险有限公司	295.2
4	建信人寿保险股份有限公司	148.4
5	中国平安人寿保险股份有限公司	120.0
6	中国人寿保险股份有限公司	78.9
7	弘康人寿保险股份有限公司	75.3
8	中国人民健康保险股份有限公司	70.4
9	农银人寿保险股份有限公司	69.9
10	中国人民人寿保险股份有限公司	67.7

资料来源：中国保险行业协会：《2019年度互联网人身保险市场运行情况分析报告》。

2019年互联网人身保险的渠道经营模式仍然呈现以第三方平台（渠道）合作为主、公司自营平台（官网）为辅的发展格局。据统计，有61家公司与第三方平台合作开展互联网业务，51家公司通过公司自营平台开展业务，50家公司采用自营平台和第三方平台“双管齐下”的模式开展业务，整体与2018年保持一致。

2019年第三方平台累计实现规模保费1619.8亿元，较2018年增长63.3%，占互联网人身保险规模保费总额的82.7%；自营平台累计实现规模保费237.9亿元，同比增长18.2%，占互联网人身保险规模保费总额的12.2%。

消费金融一般指机构或企业为满足个人消费目的而提供的线上或线下信贷服务，从狭义角度来看，主要指住房和汽车之外的日常生活消费。消费现金贷款与传统金融机构的相应服务比，具有申请门槛低、业务模式灵活、流程便捷等特点。商品消费分期则大多与场景相结合，数码3C、校园、汽车等场景的切入时间早，旅游、租房、装修、医美等场景也已开始被逐渐挖掘。

消费信贷市场空间巨大。随着居民收入增加、消费观念转变以及相关金融产品和服务创新，国内消费信贷市场存在很大的提升空间。在拉动消费成为国家战略以及政府对互联网消费金融发展持鼓励态度的背景下，消费信贷规模有望持续扩大，市场规模将进一步扩大。

2018年我国消费金融市场（不含房贷）规模为8.45万亿元，市场渗透率为22.36%；2020年我国消费金融市场规模（不含房贷）达12万亿元，渗透率达25.05%。从渗透率判断，我国消费金融仍处于发展初期，仍有较大的增长空间。截至2020年6月底，消费金融公司有26家，注册资本433.4亿元，资产规模4861.5亿元，贷款余额4686.1亿元，服务客户1.4亿人。

4. 物流业

物流产业既是基础产业，也是一个高新技术产业。因此，物流业是数字经济发展与应用的重点领域，物联网的发展也进一步拓展了数字经济发展空间。物联网又称为传感网，物联网的出现是继计算机、互联网与移动通信网之后的又一次信息产业浪潮。世界上的万事万物，小到手表、钥匙，大到汽车、楼房，只要嵌入一个微型感应芯片，就能智能化，这个物体就可以“自动开口说话”，再借助无线网络技术，人们就可以和物体“对话”，物体和物体之间也能“交流”，这就是物联网。物联网是在计算机互联网的基础上，利用射频识别（RFID）、无线数据通信等技术，构建的一个覆盖世界上万事万物的网络。在这个网络中，物品（商品）之间能够进行“交流”，而不需要人的干预。其实质是利用RFID技术，通过计算机、互联网实现物品（商品）的自动识别和信息的互联与共享。在技术层次的总体架构上，物联网可分为感知层、网络层和应用层。

感知层包括二维码标签和识读器、RFID 标签和读写器、摄像头、GPS、传感器、终端、传感器网络等，主要功能是识别物体、采集信息，与人体结构中皮肤和五官的作用相似。

网络层包括通信与互联网的融合网络、网络管理中心、信息中心和智能处理中心等。网络层对感知层获取的信息进行传递和处理，类似于人体结构中的神经中枢和大脑。

应用层是物联网与行业专业技术的深度融合，与行业需求相结合，进而实现行业智能化，这类似于人类社会中的每个人按照社会分工各司其职。

物联网产业具有综合性的特点，与第二产业和第三产业紧密关联。

第一，技术研发类产业，包括智能传感器、超高频和微波 RFID、传感器网络和节点等感知技术，物联网涉及中间件、嵌入式系统、海量数据存储与处理等应用技术，还涉及信息安全、标识编码、频谱等共性技术的研发。

第二，制造类产业，包括传感器、二维条码识读设备、M2M 设备、传感器网络通信模块/节点/网关、应用软件、信息安全等关键产品的中试和规模化生产。

第三，应用类产业，有利于提高生产效率、改进传统工业流程、促进安全生产和节能减排的工业行业应用示范，物联网也可以在公共安全、公共服务、社会信息化等社会管理领域中应用。

第四，标准研制与公共服务类项目，涉及物联网总体架构、接口、协同信息处理等基础和共性技术标准的研制。如果把物联网分为制造业和服务业两大类，前者是指物联网技术所需计算机、感知设备等相关产品生产活动的集合，后者是指提供物联网网络或应用等服务活动的集合。物联网是在继计算机、互联网之后的世界信息产业发展的第三次浪潮中出现的，它借助信息技术实现物物互联，因此它与信息产业、高新技术产业存在密不可分的关系。

我国物流成本比国外高，这与我国的地理环境相关，但更重要的因素是我国人工成本上升快，自动化技术水平低。发达国家物流自动化水平为80%，我国才不到30%。我国物流自动化普及率较高的行业是烟草、医药、汽车，自动化普及率分别为46%、42%、38%（见图25）。

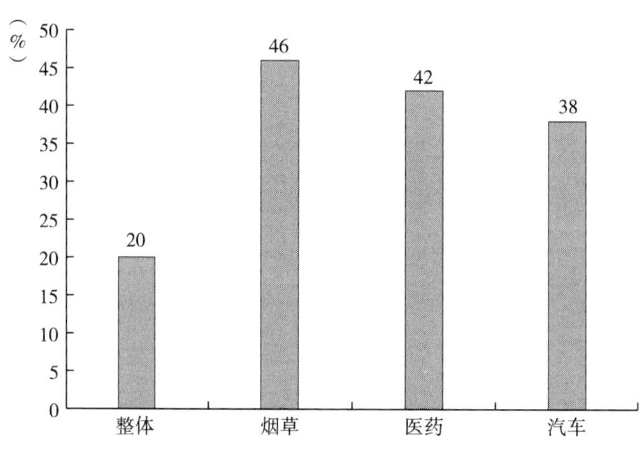

图25　我国物流自动化普及率

资料来源：根据中国产业信息网数据整理。

目前我国快递分拣自动化程度较低，在劳动密集型的转运中心，与分拣作业直接相关的人力占比约为一半，分拣作业时间占整体转运中心作业时间的30%～40%，分拣作业的成本占转运中心总成本的40%。

5. 在线教育

技术的发展实现了教育发展的产业化和教育手段的多样化。教育行业最大的变化是数字化水平的提高。在线网络课堂凸显了以宽带网络、移动通信网络、云计算、大数据等为代表的数字基础设施的优势。随着5G、千兆光纤网络、数据中心等新基建的加快推进，数字技术和网络基础设施也将进一步完善，数字鸿沟会不断缩小，数字化产业和产业数字化将持续发展，为高质量发展提供源源不断的动力。2021年全国大中小学校2.65亿名在校生接受线上教育，在线教育用户规模达4.23亿人。截至2020年4月初，全国有1454所在线开学的普通高校，95万余名教师开设94.2万门课共计713.3万门次在线课程，在线学习的学生达11.8亿人次。①

6. 医疗健康互联网

医疗信息化即医疗服务的数字化、网络化，是指通过计算机科学和现代网络通信技术及数据库技术，为各医院以及医院所属各部门提供病人信息，实现对信息的收集、存储、处理、提取和交换，并满足所有授权用户的功能需求，主要有医院信息系统（HIS）、电子病历系统（EMRS）、影像归档和通信系统（PACS）、放射科信息管理系统（RIS）等。根据国际统一的医疗系统信息化水平划分标准，医疗信息化的建设分为三个层次：医院信息系统、临床信息管理系统和公共卫生信息化。HIS是覆盖医院所有业务和业务全过程的信息管理系统。按照学术界的定义，HIS是指利用电子计算机和通信设备，为医院所属各部门提供病人诊疗信息和行政管理信息收集、存储、处理、提取及交换，并满足授权用户功能需求的平台。EMRS是指医院通过电子病历以电子化方式记录患者就诊信息（包括首次病程记录、检查检验结果、医嘱、手术记录、护理记录等信息）的系统，其中既有结构化信息，也有非结构化的自由文本以及图形图像信息。EMRS在医疗中作为主要的信息源，为相关主体提供超越纸质病历的服务，用于满足医疗、法律和管理需求。PACS是一套将数字电子学技术应用于医学图像成像的系统，它可将图像变成数字图像信息，用数据文件的形式保存起来，进而可通过各种公用或专用通信网络、计算机局域网或电话网在医院各科室，城市各医院，地区、国家乃至全世界各医疗机构之间实时传送医学图像。RIS是医院重要的医学影像学信息系统之一，它与PACS共同构成医学影像学的信息化环境。RIS是基于医院影像科室工作流程执行过程的管理信息系统，主要实现医学影像学检验工作流程的计算机网络化控制、管理和医学图文信息的共享，并在此基础上实现远程医疗。中

① 余建斌、王政、刘诗瑶：《网络建设和保障支撑数亿人同上网课》，《人民日报》2020年6月22日。

国大部分医院的信息化建设还处于医院信息系统的建设阶段，即以划价/收费系统、财务系统为中心的医院信息系统。

医疗健康数字产业应用范围广泛，包括医院管理数字化、诊治数字化等内容。作为数字经济应用的重要部分，医疗健康的市场规模不断扩大。

医疗健康数字化技术的发展对我国医疗健康行业产生了革命性的冲击。美国是世界上较早推行电子病历档案的国家，但是进展并不顺利。1991 年美国开始实施电子病历档案，但直到 2010 年医生采用电子病历档案的比例还不到 20%。法国从 1998 年开始实行移动电子病历，医院减少了 67% 的人工处理病历的工作量。我国的医疗信息化起步较晚，但是数字化发展比较快。2015 年国务院下发文件，实施医疗信息化（即医疗 IT 或 HIT）。实际上，医疗信息化主要可分为广义的医疗 IT 和狭义的医疗 IT，狭义的医疗 IT 主要是指医疗机构 IT。根据有关统计，2018 年我国医疗机构 IT 系统花费 364.67 亿元，在广义医疗 IT 支出中占比 74.15%，远超医疗支付平台 IT、医药流通 IT 和其他医疗 IT 的花费（见图 26）。

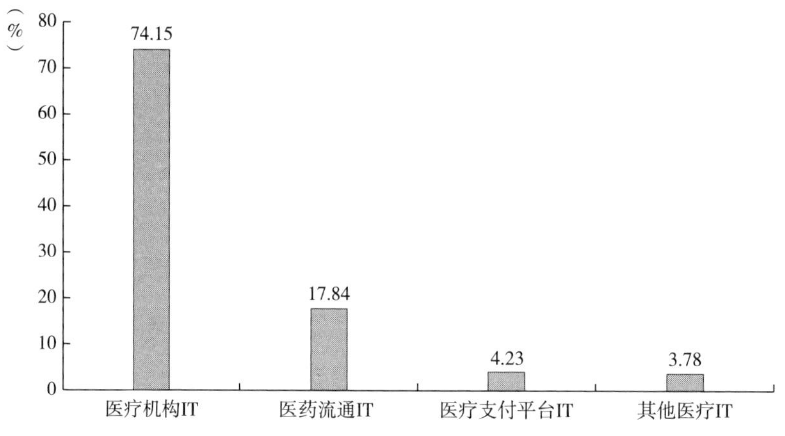

图 26　2018 年广义医疗 IT 子领域支出占比

资料来源：根据中国产业信息网公开资料整理。

7. 智能电视

智能电视是一个全开放式平台，这个平台本身搭载了操作系统，用户在观看普通电视内容的同时，还可自行安装和卸载各类应用软件。在光纤普及、网速提升以及互联网电视盒的刺激下，我国智能电视市场迎来了快速发展期。

相比传统的有线电视，智能电视具备网络功能，能获取网络上各种资源。

我国智能电视覆盖用户规模不断扩大。2016 年，中国智能电视覆盖用户只有 1.34 亿户，2020 年达到了 3.27 亿户。2016～2020 年我国智能电视覆盖用户规模及增长情况如图 27 所示。

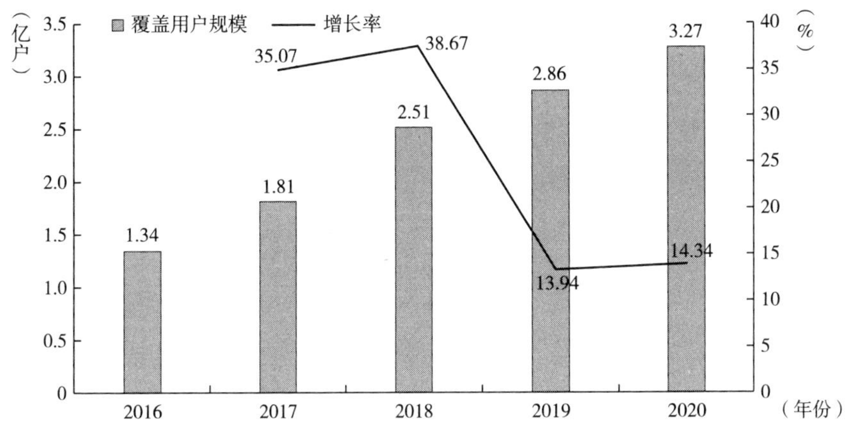

图 27　2016～2020 年中国智能电视覆盖用户规模及增长情况

资料来源：根据中国网络视听节目服务协会公开资料整理。

我国智能电视激活用户规模及激活率也不断提高。2016 年我国智能电视激活用户规模为 0.78 亿户，2020 年达到了 2.55 亿户，而同期的激活率由 58.2% 上升到 78%，如图 28 所示。

8. 工业互联网与工业 4.0

工业互联网核心内容是从互联网以及相关的技术出发，注重其与生产制造的融合，由此产生新的活动与发展模式，达到重新定义生产制造设计的价值链中有关要素之间的关系、实现价值链的整体升值或衍生出新的价值的目标。

（1）互联的范畴

工业互联网主要体现的是“互联”的理念，其背后仍是以数字化、网

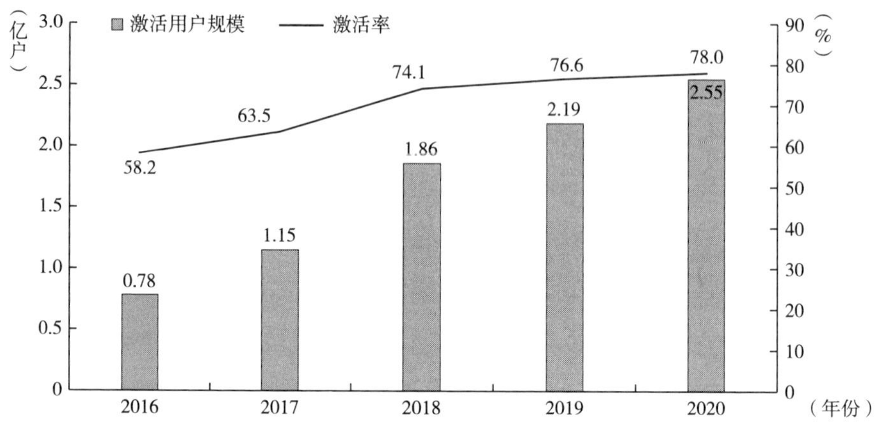

图 28　2016～2020 年智能电视激活用户规模及激活率

资料来源：根据中国网络视听节目服务协会公开资料整理。

络化、智能化为主要特征的技术支撑。在工业互联网的框架下，可进一步归纳为将生产制造过程中的一切信息数字化，通过网络进行连接与信息传递，通过高度智能化的计算（如大数据）实现智能化的资源控制。工业互联网实现“互联”的要素主要包括设备之间的互联、人与人的互联以及数据之间的互联。

（2）工业互联网发展要素

从互联网及有关技术发展与应用的角度出发，在服务并改造传统制造业、构筑“工业互联网”的过程中，最具代表性的要素是由通用电气公司（GE）提出的智能设备、智能系统、智能决策。

智能设备是指通过部署智能化的仪器仪表或使机器设备本身智能化，实现对机器运行的监控，使它们成为整个工业互联网产生信息与实施控制的节点，并通过工业互联网与远程的智能化系统与决策系统交互。

智能系统泛指在工业互联网的网络中广泛结合的设备与软件。智能系统的目标是整合相关主体资源，实现网络优化（在网络上相互协作，提高运营效率）、维护优化（通过智能系统实现最优化、低成本的整体维护）、系统恢复（帮助系统在被冲击后更加快速、有效地恢复）、学习（将单个主体的操作与使用经验聚合为一个信息系统，从而加速整体学习）。

当从智能设备和智能系统收集到足够多的信息来促进数据驱动型学习的时候，智能决策就发生了，智能决策是工业互联网的长期愿景。它作为工业互联网的基础，是智能设备与智能系统以及知识相互汇集的顶点。

（3）工业 4.0

相较于云制造与工业互联网的理念，德国提出的工业 4.0 更偏向于产业发展类型的规划与顶层设计，是基于国家及区域层面的未来工业转型发展的战略与路线图。

工业 4.0 提出工业生产由集中式控制向分布式控制转变，其发展目标是以数字技术与数字化为基础，建立与形成高度敏捷、灵活、智能化的个性化生产与服务产业的发展与运行模式。在此模式下，传统的行业分类与活动将被重新定义，行业界限将消失。这种模式会产生各种新的活动领域和合作形式，创造新价值的过程正在发生改变，产业链分工将被重组。

工业 4.0 战略的核心是虚拟网络信息物理系统（Cyber Physical System，CPS）的建设与应用，并将之与网络传输等信息通信技术紧密结合，推动工业转型发展。在工业 4.0 战略框架下，德国已明确注重中小企业参与这一转型发展过程，这将使德国成为新一代工业生产技术（即信息物理系统）的供应国并主导市场。

构成工业 4.0 的核心要素包括信息物理系统、智慧工厂以及“三大集成”。信息物理系统是构成智慧工厂、支撑工业 4.0 的最基础要素之一。信息物理系统强调实现物理过程与信息之间的反馈，通过嵌入式计算机系统等信息技术对物理过程予以监控，实现计算与物理过程的集成整合。智慧工厂是实现和发展整个工业 4.0 理念的关键单位节点，它围绕信息物理系统，以物联网技术为基础，以智能化的工厂决策系统为中枢，以智能制造辅助系统为后台支撑，通过类似于工业互联网的智能化互联过程，实现整个生产过程以及产品本身的智能化，即产品本身成为信息的载体以及执行、控制与监测的节点。“三大集成”即价值链上企业间的横向集成、网络化制造系统的纵向集成以及端对端工程数字化集成。价值链上企业间的横向集成是指以价值的产生与传输为线索，将企业内部与外部不同阶段与环节的信息化系统集成在一起，以提供端对端的解决方案；网络化制造系统的纵向集成是指将处于不同层级的信息化系统进行集成；端对端工程数字化集成是指贯穿整个价值链的工程数字化集成，是在所有终端实现数字化的前提下实现的基于价值链的企业内部与外部相关系统与节点的集成。工业互联网是以互联网为代表的新一代信息技术与工业系统深度融合形成的新领域、新平台和新模式，是发展智能制造的关键基础设施。与传统意义上的互联网不同，工业互联网链接的是人、数据和机器，是工业系统与高级计算、分析、传感技术及互联网的高度融合。

工业互联网的发展经历了云平台、大数据、物联网等多个阶段。到目前为止，全球各主要经济体对工业 4.0、智能制造等环节的创新和研究集中于工业互联网、工业物联网、工业大数据等平台级项目上。全球工业互联网平台数量超过 150 个，2021 年工业互联网平台有 200 个，市场规模达 16.44 亿美元。根据中国信息通信研究院发布的《工业互联网产业经济发展报告（2020 年）》，2018 年和 2019 年，我国工业互联网产业经济增加值分别为 1.42 万亿元和 2.13 万亿元，占 GDP 的比重分别为 1.5%、2.2%。2020 年，我国工业互联网产业经济规模为 3.1 万亿元，占 GDP 的比重为 2.9%，同时带动约 255 万个新增就业岗位。未来 3 年，工业互联网有望实现 14% 左右的年均复合增长，成为国民经济中增长最为活跃的领域之一。①

专栏二　工业互联网之都

围绕打造世界工业互联网之都的目标，青岛正全方位发力，邀请全球合伙人，集聚更多企业、资本、人才和技术，互联网与工业的深度融合正

① 《工业互联网加挡提速》，人民网，2020 年 3 月 26 日。

成为这座城市越来越常见的场景。

青岛以海尔的卡奥斯平台在疫情期间搭建的多方共享平台为基础，将工业互联网平台的价值展现得淋漓尽致。作为中国最早一批探索工业互联网的企业，海尔卡奥斯已经成长为规模最大、生态引力最强的工业互联网平台，并在全世界范围内得到普遍认可。

目前，海尔卡奥斯已成长为比肩美国通用电气和德国西门子的全球三大工业互联网平台之一，聚集了3.4亿用户和390多万家生态资源，在工业和信息化部发布的2019年跨行业跨领域工业互联网平台清单中，海尔卡奥斯位居第一，已经具备成为工业互联网核心平台的各种要素。这样一个工业互联网超级平台，为青岛在竞争中抢得了领先地位。

在“2020青岛·全球创投风投网络大会”上，青岛发布首批500个“工业赋能”场景，涵盖智能应用、智能软件、工业大数据、系统集成等12个大类，任何平台都可以与企业沟通合作。未来，总计3000个场景将陆续对外发布。

推进工业互联网，新基建是基础。目前，青岛已获批国家第一批5G试点城市、人工智能教育试点城市，集聚人工智能骨干企业近100家，5G基站开通数量占山东的50%以上。到2022年，青岛将建成5G基站3万个，实现重点城镇5G全覆盖。

工业互联网的发展离不开产业链的支持。围绕工业互联网产业链上下游的传感器、云计算、大数据、人工智能等产业，青岛已经集聚了华为、腾讯、商汤科技、科大讯飞、富士康、京东方等一大批工业互联网产业链头部企业，以此带动人工智能、大数据、芯片、传感器等新一代信息技术产业链条发展，培育完整的产业生态链。

资料来源：《青岛打造世界工业互联网之都》，《人民日报》2020年5月27日。

9. 数字出版

电子出版起源于数字媒体，特别是纸质媒体的数字化，然后发展到所有出版物。网络的发展改变了人们接收信息和阅读的习惯，带动了数字出版的发展。亚马逊从 1995 年开始销售书籍，2007 年推出 Kindle，2010 年 7 月电子书销量超过精装书销量，2011 年 2 月超过平装书销量，2011 年 7 月全面超过所有纸质书销量。到 2019 年，亚马逊每销售 100 本纸质书，就要销售 155 本 Kindle 电子书。2019 年中国读者的阅读形式非常多样，电子书占 94.1%，纸质书占 77.0%，有声书占 64.1%，报纸和杂志占 55.6%。国民阅读习惯的改变，推动了整个图书市场向线上化、数字化、智能化转变，数字阅读已成为主流阅读方式。[①] 纸质书在价格上涨的同时，销量却在下降。

我们的阅读市场已经进入了一个由数字化取代电子化的时代。以美国非小说类图书为例，1990 年美国这类图书为 11.53 万部，到 2006 年也只有 30.73 万部，而数字化带来了新书的快速增长。2016 年非小说类图书出版量达到 240 万部，2018 年各类网络文学作品新增 795 万部，而同年纸质文学图书只出版了 5.89 万部。2013～2018 年，电子出版物数量不断下降，原因是数字化读物比电子化读物更方便、成本更低。

四　5G 与数字经济

人类社会发展经历了四次产业变革。工业革命从能源、钢铁开始，信息产业革命从计算技术演化而来。我们可以看到，每一次产业革命都会打破原有产业的均衡，最后形成新的产业均衡。中国经济的起飞受益于信息技术革命。中国的 5G 从研发到应用大约花了十年时间。目前各国都在加快 5G 的商用速度。韩国从 2018 年起实施 5G，日本把 5G 作为一个重要的应用领域，美国在争夺 5G 技术的制高点，欧盟也发布了推动 5G 应用的政策。中国 2019 年开始发放 5G 牌照，标志中国正式进入 5G 商用时代。中国 5G 发展和高铁一样具有天然的比较优势。一是中国市场需求量大。中

① 《一二线市场仍是主力，低线市场是增长引擎》，金融界网站，2019 年 12 月 27 日。

国是世界人口大国，移动通信应用量占世界首位。二是技术优势。中国通信技术在改革开放前期比较落后，无论是通信基础设施，还是通信技术都十分落后。中国程控电话在20世纪80年代才出现，很多地方是手动式电话。到20世纪90年代，中国才进入1G时代，从1G时代到3G时代，中国的移动通信技术基本是采取跟随策略，技术方面主要是模仿。随着中国市场扩大，现在中国已经成为全球通信技术领先的国家之一。三是政策支持。世界各国都支持5G发展，特别是日本、韩国、美国、欧盟等国家和地区都在大力支持和发展5G的研发和应用。中国将通信技术的研究开发列入核心攻关项目和重点发展技术。四是产业配套。中国是世界上信息技术产业配套比较齐全的国家之一，软件、硬件及周边产业都得到了很好的发展。主导的信息产业企业有一大批与其配套的中小企业。五是应用场景广泛。我国具有非常广泛的5G应用场景。

根据专家的预测，5G应用主战场是三个领域：增强移动宽带（Enhanced Mobile Broadband，eMBB）、大型物联网（Massive Machine Type Communication，mMTC）、超高可靠超低时延通信（Ultra Reliable Low Latency Communications，uRLLC）。eMBB的核心含义是在现有移动宽带业务场景的基础上，进一步加快用户数据体验速度。

5G典型应用场景涉及人们未来居住、工作、休闲和交通等各种领域，特别是密集住宅区、办公室、体育场、露天集会、地铁、快速路、高铁和广域覆盖等场景。典型的应用包括5G自动驾驶、5G远程驾驶、5G智能电网、5G智能工厂、5G无人机物流、5G无人机高清视频传输、5G远程医疗、5GVR、5GAR、5G安防、5G儿童安全、5G智慧园区、5G智慧农场、5G远程教育、5G新零售、5G养老助残、5G智慧家居、5G超级救护车等。

五　数字经济发展存在的问题

（一）区域发展不平衡

由于经济发展水平和城市化水平不同，我国东部、中部、西部三大区域数字经济发展存在较大差距。2019 年，东部地区完成互联网业务收入 9438 亿元，占全国（扣除跨地区企业）互联网业务收入的 91%。中部和西部地区分别完成互联网业务收入 452 亿元和 443 亿元，占比分别为 4.5% 和 4.4%。互联网业务累计收入居前 5 名的广东、上海、北京、浙江和江苏共完成互联网业务收入 9042 亿元，占全国（扣除跨地区企业）比重达 87.5%。

（二）研发投入不足

发展数字经济需要大量的前期投入，没有前期的大投入，就不可能超前发展数字经济。数字经济发展投入包括技术研发投入和基础设施投入。我国数字经济投入总体上滞后。2019 年，互联网全行业投入研发费用 535 亿元，同比增长 23.1%，增速比上年提高 4.1 个百分点，高出同期业务收入增速 1.7 个百分点，但占业务收入的比重仅为 4.43%。虽然研发投入增速高于收入，但是总体上投入仍显不足，特点是数字基础产业投入不足和地区投入不均衡。

（三）发展政策落实不到位

发展数字经济已成为政府发展经济、增加就业的重要措施，各地先后出台了不少政策，特别是数字经济发达的地区，如广东、浙江、上海等地制定了发展数字经济的五年规划、重点发展领域、产业发展基金、人才政策、用地政策等。在发展数字经济方面，中国出台了不少支持政策，各地也制定了不少政策，但关键是政策落实不到位。发展数字经济需要龙头企业带动，产业需要集群化发展，形成特色数字经济产业集群。因此，各地出台政策要有针对性，需要结合本地的资源状况，这样才能发挥作用。

专栏三　数字行动方案

山东省人民政府办公厅印发《数字山东 2020 行动方案》（以下简称

《方案》)，《方案》提出加快建设数字政府，推动政务服务事项“掌上通办”，实现“一部手机走齐鲁”；大力发展数字经济，力争2020年底前建成100个左右的智慧农业应用基地，支持建设50个左右省级数字经济园区；着力构建数字社会，2020年底前实现养老保险、失业保险、工伤保险异地经办业务的“全省通办”；完善数字基础设施，2020年底前全省新开通4万个5G基站。在大力发展数字经济方面，《方案》提出以下几点。一是推动数字产业化发展。开展数字经济企业培育“沃土行动”，支持龙头企业发挥带动作用，重点扶持小微企业、创业团队发展，年内孵化100个左右创业团队。二是提升产业数字化水平。建设智慧农业，力争2020年底前建成100个左右的智慧农业应用基地。推动工业制造智慧升级，加快实施“现代优势产业集群+人工智能”行动和“个十百”工业互联网平台培育行动。推动企业上云上平台，启动数字化、智能化技术改造三年行动计划，深入实施“万企万项”技改工程。三是培育数字产业生态。深入实施数字经济园区建设突破行动，支持建设50个左右省级数字经济园区。实施数字经济平台建设行动，支持建设20个左右省级数字经济平台。

资料来源：《山东省人民政府办公厅关于印发数字山东2020行动方案的通知》（鲁政办字〔2020〕47号）。

（四）核心技术比较落后

数字经济涉及硬件和软件两个方面，我国虽然有些技术处于国际领先水平，但是不可否认我国在数字经济的核心技术上比较落后，特别是一些基本的应用技术，如操作系统、芯片等高端技术还受制于人。在“中国制造2025年”规划中列举了一系列重点攻关技术，涉及数字经济部分的比较多，技术攻关难度大。

（五）产业基础相对薄弱

按照波特国家竞争优势理论，一个国家产业发展的竞争优势主要取决于资源条件、需求条件、相关产业发展等。数字经济发展需要产业的协调发展。目前我国传统产业的智能化程度低，与数字经济发展相关的产业应用数字化程度更低，这在一定程度上限制了数字经济发展。

（六）产业融合程度亟待提升

数字经济起源于制造业，但快速应用推广主要还是在服务业，数字经济创新速度也是在服务业。加快数字经济与第二产业深度融合是一个重要发展方向。

六 发展数字经济的策略

我国数字经济目前主要与服务业深度融合，与制造业的融合程度还较低。数字经济是发达国家拉动经济增长的主导力量，争夺数字经济发展的制高点是发达国家的目标。5G、AI 等都是各国着力发展的重点领域。随着 5G 推广和资费的下降，我国的数字经济迎来一波新的爆发式增长，数字经济与各领域融合程度进一步深入，数字经济在国民经济中的比重大幅提升。2021 年我国数字经济占 GDP 的比重约为 35%，未来五年，我国数字经济占比将会超过 50%，十年之内将会达到 65%。2020 年后，我国突出未来投资的重点在于新基建。新基建的核心动力来自数字经济。2018 年 12 月，中央经济工作会议明确提出加快 5G 商用步伐，强化人工智能、工业互联网、物联网等新型基础设施建设的定位。2020 年新冠疫情发生以来，国家层面开始密集部署新基建投资，2020 年 1 月的国务院常务会议、2 月的中央深改委会议、3 月 4 日的中央政治局常务委员会会议都提到了新基建，特别是 3 月 4 日的中央政治局常务委员会会议明确强调加快新型基础设施建设进度。新基建不仅包括 5G 基建、大数据、人工智能、工业互联网、物联网等新一代信息技术，还包括特高压、城际高速铁路和城际轨道交通、新能源汽车充电桩等。

国家层面的投资重点放在数字经济，地方政府也紧急跟进。福建省提出要促进人工智能、大数据、物联网和经济社会融合发展，力争数字经济规模超2万亿元。安徽省提出大力发展数字经济，实施5G产业规划和支持政策，促进5G商用和应用场景落地，推动物联网、下一代互联网、区块链等技术和产业创新发展。重庆市提出加快建设国家数字经济创新发展试验区，集中力量建设“智造重镇”“智慧名城”。河北省提出促进人工智能、区块链技术应用及产业发展，加快布局5G基站、物联网、IPv6等新型基础设施。广东省提出支持广州发挥全球科技创新中心的重要引擎作用，大力发展新一代信息技术、人工智能、生物医药、新能源智能网联汽车等产业，建设国家人工智能和数字经济试验区。浙江省提出积极发展平台经济、共享经济、体验经济和快递经济，加快各行业各领域数字化改造。北京市提出实施制造业数字化、智能化、绿色化改造提升计划。湖北省提出大力推动传统产业改造升级，培育壮大以“芯屏端网”为重点的世界级产业集群，抢占数字经济风口。①

专栏四　韩国发展数字产业政策

韩国政府宣布，计划到2025年，以数字化、绿色化和稳就业为方向投入约76万亿韩元，建设大数据平台、第五代移动通信（5G）、人工智能等数字产业基础设施，发展“非接触经济”，推动社会间接资本的数字化发展，克服疫情影响，挖掘经济增长新动力。该系列政策共分两个阶段，2020～2022年为第一阶段，该阶段韩国政府计划投入31.3万亿韩元，创造约55万个就业岗位。其中，数字化方面投入13.4万亿韩元，计划创造33万个就业岗位；绿色化方面投入12.9万亿韩元，计划创造13.3万个就业岗位；稳就业方面投入5万亿韩元，计划创造9万个就业岗位。具体措施包括扶持数据、网络、人工智能生态系统建设，在中小学教室覆盖无线

① 《增强新基建带动性、释放经济发展新动能》，《经济日报》2020年4月17日。

网络，淘汰替换老旧笔记本电脑，打造远程教育和非接触医疗基础设施，对18余万套老旧公租房、托儿所、卫生站、国立中小学及幼儿园进行环保改造等。第二阶段为2023～2025年，韩国政府计划投入45万亿韩元。

资料来源：《韩国宣布数字化经济支持政策》，《人民日报》2020年6月8日。

根据发达国家发展数字经济的经验，结合我国的实际情况，我国发展数字经济还需要系统的政策支持和攻克一些关键技术。国家发展改革委员会出台了一系列支持数字经济发展的政策，明确提出研究数字经济协调治理的政策体系；加快传统产业数字化转型、核心技术突破，推进数字政府建设等。

（一）突出重点，关键技术再突破

数字经济涉及范围广，可以说只要是存在人类活动的地方都会有数字经济存在的空间。全球发达国家都在加大5G技术攻关。中国在发展数字经济方面还有较多的技术难题需要攻克和突破。工信部明确提出加强5G技术和标准研发，如5G核心芯片、关键元器件、基础软件、仪器仪表等重点领域的研发、工程化攻关及产业化。

（二）保障网络安全性

数字经济是我国重点发展的产业，数字经济的安全性涉及网络的安全性。网络安全是数字经济发展的重要保障，网络安全没有保障，就不可能有数字经济稳定持续发展。网络安全包括网络设施安全和网络信息安全。网络设施安全是保持网络设施完整和安全运行，包括网络连接设施的各类硬件设备免遭破坏，网络运行的各类软件免遭破坏、攻击、非法修改等。网络信息安全是指保证网络上存储和传输数据的安全，其内容包括信息在存储和传输过程中免遭破坏，用户隐私信息免遭不当收集和利用。美国网络非常发达，也是最早重视网络安全的国家。美国国家网络安全目标包括三大领域：保障基础设施安全、控制信息流动、维护网络空间的整体安全。1998年5月22日，时任美国总统克林顿签署了第63号总统令。这个总统令明确提出关键基础设施的概念。关键基础设施的定义是维持美国经济和政府日常运转所需要的最低限度的系统，包括现实世界的系统和网络系统。任何一个国家都会面临网络安全问题，因此任何一个国家都应该特别重视网络安全。中国发布的《工业和信息化部关于推动5G加快发展的通知》（工信部通信〔2020〕49号）第十四条提出要强化5G网络数据安全保护，围绕5G各类典型技术和车联网、工业互联网等典型应用场景，健全完善数据安全管理制度与标准规范；建立5G典型场景数据安全风险动态评估评测机制，强化评估结果运用；合理划分网络运营商、行业服务提供商等各方数据安全和用户个人信息保护责任，明确5G环境下数据安全基线要求，加强监督执法；推动数据安全合规性评估认证，构建完善的技术保障体系，切实提升5G数据安全保护水平。第十五条指出要培育5G网络安全产业生态，加强5G网络安全核心技术攻关和成果转化，强化安全服务供给；大力推进国家网络安全产业园区建设和试点示范，加快培育5G安全产业链关键环节领军企业，促进产业上下游中小企业发展，形成关键技术、产品和服务的一体化保障能力；积极创新5G安全治理模式，推动建设多主体参与、多部门联动、多行业协同的安全治理机制。

（三）建设数字经济的法律体系

数字经济是一个涉及范围广泛的行业，可以说数字经济无所不包，而且数字经济领域创新活跃，有些创新带有破坏性。麦肯锡公司发布的《破坏性技术：改变生活、商业和全球经济》（*Disruptive Technologies: Advances that Will Transform Life, Business and the Global Economy*）指出，12项破坏性技术将会产生颠覆式影响，包括移动互联网、知识工作自动化、物联网、云计算、高级机器人、无人驾驶、下一代基因组学、储能技术、3D打印、新材料、油气开发勘探技术以及可再生能源。麦肯锡公司列出的这个破坏性技术清单，90%与信息技术有关。破坏性创新逐渐成为一种普遍的商业策略，“破坏者”也越来越多，流媒体破坏了DVD行业，智能手机和平板电脑破坏了PC和微处理器行业，数字内容和线上传播破坏了传统的内容行业，分享经济破坏了传统服务行业，等等。数字经济的行业特征决定了法律监管的复杂性。数字经济边界模糊，规模效应超出了人们的想象，容易产生赢者通吃的局面。这就产生了竞争与垄断的问题，法律要寻找监管的平衡点。数字经济还有其他的问题，如数字产权、用户隐私、知识产权保护、网络中立、网络交易中的国际税务等问题。这些问题的解决都需要建立完善的数字经济法律体系。数字经济中的很多高端产业，如远程医疗、无人驾驶、机器人和工业互联网等的应用涉及产业安全、人身安全、隐私保护以及伦理，超出了现有法律规范的内容，需要加快完善与5G应用有关的法律法规体系。①

（四）完善数字经济产业链，推进制造业数字化纵深发展

振兴制造业已成为发达国家的一项国家战略。奥巴马曾提出美国经济“基业长青”，特朗普提出制造业回归，重振美国制造业。欧盟在2013年提出再造工业化，重振欧盟经济，2020年欧盟的制造业占GDP比重由15.6%提升到20%。德国提出工业4.0，工业4.0概念首先由德国联邦教研部与经济信息部在2013年提出。随着信息技术与工业技术的高度融合，互联网、计算机技术、信息技术、软件与自动化技术的深度交织催生出新的价值模型，在制造领域，这种资源、信息、物品和人相互关联的虚拟网络信息物理系统（Cyber Physical System，CPS），被德国人称为工业4.0。简单地说，工业4.0就是以智能制造为主导的第四次工业革命。2013年4月，德国在汉诺威工业博览会上首次发布《实施“工业4.0”战略建议

① 《邬贺铨院士：5G发力“新基建”的真正考验是技术创新》，《科技日报》2020年5月6日。

书》，德国电气电子和信息技术协会于2013年12月发布“工业4.0”标准化路线图。汉诺威工业博览会被称为“世界工业的晴雨表”，回顾这几年的官方主题就可以发现一些端倪，2012年主题为“绿色、智能”，2013年主题为“产业集成化”，2014年主题为“产业集成，未来趋势”，2015年主题为“融合的工业——加入网络”。这些主题鲜明地刻画了跨行业联网和产业整合的强劲趋势。

制造业是一国经济发展并走向强盛的基础。美、德、日等发达国家的强国之路，均基于规模雄厚、结构优化、创新能力强、发展质量好、产业链国际主导地位突出的强大制造业。许多发展中国家和地区摆脱贫穷与落后，实现对发达国家和地区的追赶甚至超越，也是通过推动工业化、发展制造业实现的。2008年国际金融危机再次证明，没有坚实的制造业支撑，经济体必将不断虚化和弱化。因此，发达国家纷纷实施“再工业化”战略，吸引和鼓励高端制造回流本土。新兴经济体希望借助更有利的比较优势，编织制造大国梦想。我国是制造大国，但并非制造强国，掌握的制造核心技术不多。全球科技创新中心以美国为主导，高端制造领域由欧盟、日本主导，我国制造业还处在中低端价值链上。

工业互联网是数字经济发展的主战场，现在已经进入工业4.0时代。工业4.0的本质是数据，终极目标是建立一个高度灵活的个性化和数字化的产品与服务的生产模式，使工业生产由集中式控制模式向分散式增强型控制模式转变。工业4.0描绘了制造业的未来愿景，人类将迎来以信息物理系统为基础，以高度数字化、网络化、机器自组织为标志的第四次工业革命。工业4.0的三大主题是智慧工厂、智能生产、智能物流。智慧工厂重点研究智能化生产系统及过程，以及网络化、分布式生产设施的实现；智能生产主要涉及整个企业的生产物流管理、人机互动、3D打印以及增材制造等技术在工业生产过程中的应用；智能物流则通过各种联网，充分整合物流资源，实现供给和需求的快速匹配。工业4.0所涉及的数据处理（传感器、大数据处理、云服务）、智能互联（智能机床、物联网、工业机器人）、系统集成（工业自动化、工业互联网）等领域毋庸置疑会成为投资与竞争的热点。据工信部估算，中国未来20年工业互联网的发展至少可带来3万亿美元的GDP增量。

工业4.0时代与第四次工业革命紧密相关。工业4.0的终极目的是使制造业脱离劳动力禀赋的桎梏，进一步降低全流程成本，从而增强制造业的竞争力。在工业4.0时代，不仅制造环节的人工将得到节省（以机器人为主体的自动化生产连线），前端供应链管理、生产计划（接入互联网实施订单管理）和后端仓储物流管理（仓库管理系统、自动化立体仓库）都将实现无人化，降低渠道库存和物流成本。

工业互联网实质就是实现数字经济与制造业融合，促使数字经济由服务经济向实体经济转型。工业互联网基于通用电气提出的关于设备与IT融合的概念，通过高功能设备、低成本传感器、互联网、大数据收集及分析技术组合，提高现有产业效率，实现创新目标。我国是制造业大国，但我国的制造业水平、技术创新能力、自动化水平等都亟须提升。按工信部原部长苗圩的观点，中国制造业在世界上仍然处于第三梯队。中国制造业未来的主攻方向是智能制造。“以智能制造为主攻方向，深化人工智能、5G、工业互联网等新一代信息技术与制造业融合发展，对制造业进行全要素、全流程、全产业链的改造，推动制造业加速向数字化、网络化、智能化方向转型升级。”① 工业互联网是新一代信息技术与工业经济深度融合的新型应用模式。它通过系统构建网络、平台、安全三大功能体系，打造人、机、物全面互联的新型网络基础设施，实现全要素、全产业链、全价值链的全面连接，推动形成全新的生产制造和服务体系。根据《国务院关于深化“互联网+先进制造业”发展工业互联网的指导意见》，我国将工业互联网的发展概括为系统构建网络、平台和安全三大体系。其中，网络是基础，平台是核心，安全是保障。

① 《苗圩出席2019国家制造强国建设专家论坛并致辞》，工信部网站，2019年11月18日。

随着 PaaS 市场体系的逐步建立，未来工业互联网平台将逐步完成传统服务与流程的云迁移，ESP、OA、MES、协同软件等实现云化，工业软件的推进将由线下实施向线上账号销售转变，传统工业软件的云迁移有望成为工业企业 IT 竞争的主战场。此外，支撑企业内部个性化需求的各类 App 和 SaaS 服务也将对通用型的管理、制造软件形成有效补充，能够最大限度实现对通用型软件的模块化购买和个性化开发，降低 IT 实施和运维成本，提升 IT 与 OT 在业务领域的融合。

（五）完善网络治理体系，优化数字经济发展环境

数字技术与实体经济深度融合也催生了一些不正当竞争行为，导致诈骗、传销、非法集资等网络犯罪和侵犯隐私现象发生。发展数字经济应建立和完善监管体系，明确网络平台责任，厘清政企治理权责，规范相关主体行为。强化政策引导，创新政策支持。建立系统性风险防范机制和风险监测、预警、处置体系，及时发现潜在风险，提升风险防控能力。

（六）培育数字型人才，提升全民数字化素质

改革开放四十多年，我国科研实力有了很大提升，科研人员的总量已位于全球前列。但是，与就业总人数比较，我国的科研人员数量仍显不足。我国的科研人员人力投入强度指标不仅落后于发达国家，也落后于一些发展中国家。2018 年，我国每万名就业人员的 R&D 人员数仅略高于土耳其，多数发达国家的每万名就业人员的 R&D 人员数是中国的 2 倍以上。从每万名就业人员的 R&D 研究人员数看，2018 年在 R&D 人员总量超过 10 万人年的国家中我国排名最低，而多数发达国家这一指标值约为中国的 4 倍，如表 10 所示。

表 10　2018 年世界主要国家 R&D 人员比较情况

国　家	R&D 人员（万人年）	每万名就业人员的 R&D 人员数（人年/万人）	R&D 研究人员（万人年）	每万名就业人员的 R&D 研究人员数（人年/万人）
中　国	438.1	56.5	186.6	24.1
日　本	89.7	130.2	67.8	98.4
俄罗斯	75.8	104.8	40.6	56.1
德　国	70.7	157.6	43.3	96.6
韩　国	50.1	188.1	40.8	153.3
英　国	47.0	144.8	30.9	95.3
法　国	45.1	160.3	30.6	108.8
意大利	31.2	123.1	14.0	55.2
西班牙	22.6	113.4	14.0	70.4
波　兰	16.2	99.0	11.8	72.0
荷　兰	15.7	168.8	9.6	102.6
土耳其	15.4	55.1	11.2	40.1
美　国			143.4	92.3

注：美国和土耳其为 2017 年数据。

资料来源：OECD，Main Science and Technology Indicators 2019 - 2。

研发投入强度是指研发投入经费占国内生产总值的比重。2018 年，我国 R&D 经费总量为 19677.9 亿元，按当年汇率折算为 2974.3 亿美元，排名世界第二位。我国 R&D 经费投入强度为 2.14%，从国际上看，我国 R&D 经费投入强度已超过欧盟 28 国平均水平 1.99%，达到中等发达国家 R&D 经费投入强度水平，但与部分发达国家 2.5% ~4.6% 的水平相比还有差距，如图 29 和图 30 所示。

我国科研人员总量较大，研发投入强度在全球主要科技大国之中也不算落后，关键是我国的科研人才结构和研发投入结构需要改善。我国发展数字经济不仅缺乏 IT 工程师、数据科学家、数据分析师、AI 算法工程师、产品经理等传统技术精英，更缺乏跨行业、跨平台的复合型人才。我们要加快推进面向数字经济的学科建设，发展数字领域新兴专业，促进计算机

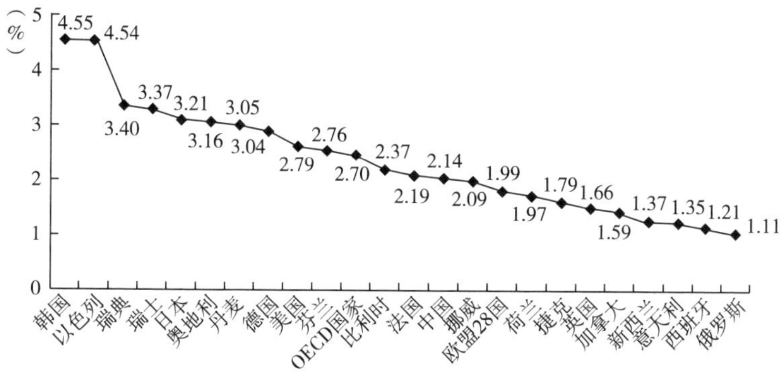

图 29　2018 年主要国家（地区）R&D 经费投入强度

资料来源：OECD，Main Science and Technology Indicators 2019 – 2。

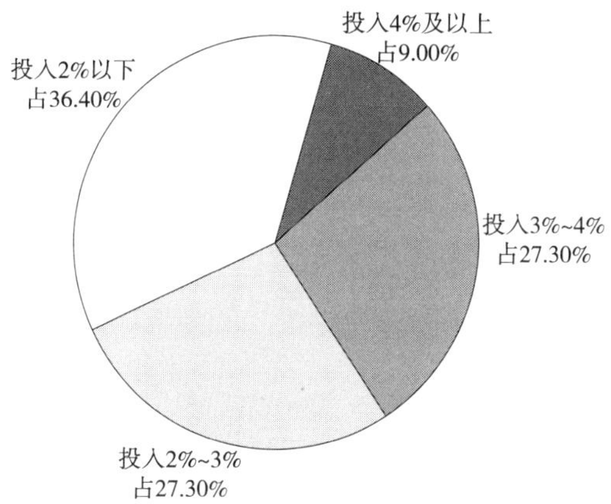

图 30　2018 年主要国家（地区）R&D 经费投入的分类

资料来源：OECD，Main Science and Technology Indicators 2019 – 2。

科学、数据分析与其他专业学科间的交叉融合，扩大互联网、物联网、大数据、云计算、人工智能等信息技术人才培养规模，加强对全体公民的数字技能普及培训。

（七）政府和企业良性互动，推动数字产业基础设施转型升级

数字经济的基础是互联网，我国是互联网应用创新比较快的国家，但很多互联网设施已经不能满足数字经济发展的需要，数字产业提质升级的重点是已经高度融入数字经济的产业，特别是视觉数字产业、大数据、物

联网等设施已经落后于产业发展的需要。因此，我国需要大规模更新数字产业基础设施。国家要从战略层面深化新基建投资的理念，实现中国在数字经济领域的主导地位。工业和信息化部已经下发文件，要求中国电信、中国移动、中国联通对互联网电视业务相关的骨干网、城域网、接入网以及互联网骨干直联点相关设备进行 IPv6 改造。作为数字经济企业，中国移动、阿里云、腾讯云、百度云、京东云、华为云、网宿科技正在对互联网电视业务相关的内容分发网络（CDN）进行 IPv6 改造。2020 年末，基于 IPv6 协议的互联网电视业务服务能力达到 IPv4 的 85% 以上；基于 IPv6 协议的互联网电视业务加速性能达到 IPv4 的 85% 以上。小米、华为、创维、海信、TCL、长虹、康佳、九州等厂商加快实现新生产的互联网电视接收设备（含终端 ROM、播放器、应用服务框架、终端管理模块等）支持 IPv6，出厂默认配置支持 IPv4/IPv6 双栈；加快实现具备条件的存量互联网电视接收设备通过固件及系统升级等方式支持 IPv6。天猫、京东、淘宝、拼多多等电子商务平台企业要优先向用户推荐支持 IPv6 的机顶盒、智能电视机等终端设备。[①]

（八）加快 5G 应用场景落地

数字经济作为一种新型的经济形态，持续给传统经济理论的企业经济形态或政府管理模式带来挑战，特别是给开放公共资源带来挑战，因此需要政府和企业形成良性互动，共同推动数字经济基础设施转型升级。数字经济是开放的经济，利益多元，需要资源共享，所以不仅需要政府大力引导，更需要政府创造良好的环境。数字经济是创新经济，需要良好的环境，没有一个良好的环境，数字经济不可能发展。

国家已经出台了很多政策，鼓励基础电信企业推动 5G 终端消费，加

① 《工业和信息化部办公厅、国家广播电视总局办公厅关于推进互联网电视业务 IPv6 改造的通知》（工信厅联通信函〔2020〕74 号），工信部网站，2020 年 4 月 9 日。

快用户向5G迁移，促进加强基础电信企业、广电传媒企业和内容提供商等协作，丰富教育、传媒、娱乐等领域的4K/8K、VR/AR等新型多媒体内容源，促进内容产业一体化发展，并形成内容产业全产业链。通过5G应用产业方阵等平台，汇聚应用需求、研发、集成、资本等各方，畅通5G应用推广关键环节，推动5G物联网发展。以创新中心、联合研发基地、孵化平台、示范园区等为载体，推动5G在各行业、各领域的融合应用创新。推广5G在VR/AR、赛事直播、游戏娱乐、虚拟购物等领域的应用，促进新型信息消费。

5G的应用场景非常广，特别是民生方面的应用场景亟须落地，如5G智慧医疗系统建设，搭建5G智慧医疗示范网和医疗平台，加快5G在疫情预警、院前急救、远程诊疗、智能影像辅助诊断等方面的应用推广。“5G+工业互联网”、国家级车联网先导区、智慧城市、智能交通建设也都是重要应用场景。

专栏五　发达国家数字化生活

韩国：电子驾照——政府服务数字化加快推进

全球疫情防控期间，以人工智能、大数据、云计算、虚拟现实为代表的数字技术快速发展，创新应用加速落地，社会管理、医疗健康、生产经营等各领域的数字化转型，既给人们生产生活带来便利和转变，也蕴藏着新的经济增长点。

从2020年7月开始，在韩国全国27个驾照考场申请更新或办理驾照时，可用电子驾照代替实体驾照。人们拿着手机就可以开车上路了。

这一“电子驾照认证服务”由警察厅、道路交通公团和韩国三大移动运营商共同研发。用户需下载手机应用“PASS”，在以本人名义开通的手机上注册，通过指纹、面部识别等程序认证身份，拍摄个人的实体驾照并上传，即可成功注册电子驾照。如需出示，用户点击相关选项，一张电子驾照便自动生成。

为确保电子驾照真实有效，移动运营商的认证系统和警察厅的驾照管理系统以区块链网络为基础实现联动，可同步验证手机用户信息真伪。每名用户的电子驾照只能通过一家移动运营商在本人名下的一部手机上注册使用，以他人名义申办的手机或伪造的驾照均不得注册。该认证系统还采用了防截屏技术，提高了数据的安全性。为保护用户隐私，电子驾照只显示个人姓名、照片、二维码和条形码，不显示出生年月和住址等信息。

为了推动政府服务数字化建设，在更多领域推广无接触和个性化服务，韩国政府公布了《后疫情时代数字化政府创新发展计划》。根据该计划，推广电子驾照的截止时间从原定的2022年提前至2021年底。为提高政府的数字化管理水平，韩国政府还将从2020年起开通“国民秘书”聊天机器人，主要提供国家奖学金申请、民防教育、税金缴纳等多种服务，整合居民在公共机构登记的个人信息，在居民中心等4万个场所增设无线网络，利用人工智能技术构建综合安保管理系统等。

日本：虚拟出差——企业运行模式悄然改变

检查海外工厂车间运行情况，无须实地前往，只要坐在东京的办公室，戴上VR眼镜即可实现。通过操作显示屏，调整视线角度，放大或缩小，工厂的每一个角落都“近在眼前”。从2020年7月中旬起，专门从事虚拟现实动画业务的日本初创公司Floorvr与新司有限公司合作，推出利用VR（虚拟现实）技术实现员工“虚拟出差”的服务。

据《日本经济新闻》报道，该服务主要面向日本制造企业的品质管理与供应链部门负责人，通过协调日程、提供器材租赁、发回VR实时动画帮助其完成出差任务。日本许多制造企业在亚洲多地设有工厂，或从当地采购零部件，分处不同国家的产品研发人员和生产人员需要保持紧密沟通。

新冠疫情防控期间，各国实施入境限制，许多跨国出差活动暂停。各项虚拟服务迅速发展，“虚拟出差”服务应运而生。相比邮寄产品样品、在线会议等，“虚拟出差”服务可以让企业从各个角度远程检查产品细节和工厂环境，更好地进行品质监管。这将减少员工海外出差频次，节省企业的时间成本和管理成本，也有利于疫情防控。

总体来看，电子游戏是虚拟现实技术应用最成熟的领域，VR电影也为消费者所熟知。现在，这一技术也被广泛应用于工业和服务业。东京大学虚拟现实教育研究中心前主任广濑通孝表示，从20世纪80年代末到2019年，虚拟现实技术在日本工业制造领域主要用于制作工业设计图等，从2019年开始更多地用于员工培训。日本一家名为Solidray的企业2020年6月推出一款利用虚拟现实技术模拟事故发生场景的设备，以对员工进行生产安全教育，减少意外事故发生。

“虚拟出差”服务正获得越来越多制造业企业的青睐。世界最大玻璃制造商日本AGC公司已经广泛利用虚拟现实技术与顾客沟通，并计划借助该技术培训海外技术人员。据统计，截至2020年6月底，已有18家日本企业表示将使用“虚拟出差”服务。此外，养老、旅游、房地产等行业也在探索引入虚拟现实技术，经济社会活动模式正在发生改变。

英国：数字医疗——为更多病患提供支持

打开即时通信软件“WhatsApp”，添加“聊天机器人”为联系人，发出语音，就能向其询问关于新冠疫情的各类信息。英国政府2020年3月推出的这款“聊天机器人”数字产品，旨在缓解医护人员压力，减少人们前往医疗场所的次数。英国医疗部门长期面临巨大的人员和资金缺口，疫情让这一状况雪上加霜。“这项服务能够提供可靠信息，帮助民众掌握关于新冠病毒的正确知识，有效防止人们受虚假信息误导。”英格兰公共卫生局医学主任伊冯·道尔表示。

英国慈善机构“对抗关节炎”也在网站上设置了类似的智能聊天机器人，让关节炎等慢性病患者能在疫情防控时期获得医疗帮助和心理辅导。这款程序名为“COVA”，通过利用由英国风湿病学会开发的“新冠病毒风险计算器”，帮助患者评估是否需要自我隔离。据“对抗关节炎”人员介绍，他们正在寻求与其他医疗慈善机构合作，为更多疾病患者提供支持。

疫情防控期间，为了保护肺囊性纤维化患者等高危人群，英国医疗部门推出了一款手机应用程序，收集患者每日测量的肺活量等信息并与医生共享，确保患者在病情有恶化趋势时能得到及时救治。英国医疗部门还在测试一款“虚拟病房”程序，通过远程监测患者的体温、心率和血氧饱和度来及时发现需要医学干预的患者。如果该程序被证明安全有效，将逐渐推广至全国。

英国政府已花费超过5000万英镑用于建立对疫情的“数字反应”，数字医疗是其中重要一环。比如，卫生部门的数字机构开发病毒追踪软件。目前，英国国家医疗服务体系已同亚马逊、微软等科技公司合作，力图创建有效的数字模型，优化呼吸机、病床和医护人员等稀缺医疗资源的分配。英国管理咨询公司艾意凯合伙人克劳斯·勃恩克表示，疫情防控是实现数字医疗的一大动力，各国政府正在制定新规则，以促进从应用程序、可穿戴设备到“数字疗法”软件等的数字健康产业的发展。

数字医疗也面临隐私保护困扰。一些业内人士担心，将患者的病历数字化难以保护个人隐私。英国信息专员办公室近日表示，在特殊时期，为了符合公共利益，可能会改变相关规则。英国《金融时报》评论称，在医疗保健领域，数据共享可以在各国疫情防控中发挥重要作用。但疫情过后是否再度收紧隐私保护政策，取决于各国监管部门。

资料来源：《多国加快数字技术创新应用》，《人民日报》2020年7月15日。

参考文献

1. 田丽：《各国数字经济概念比较研究》，《经济研究参考》2017年第40期。
2. 康铁祥：《中国数字经济规模测算研究》，《当代财经》2008年第3期。
3. 李俊江、何枭吟：《美国数字经济探析》，《经济与管理研究》2005年第7期。
4. 徐清源、单志广、马潮江：《国内外数字经济测度指标体系研究综述》，《调研世界》2018年第11期。
5. 李正茂、王晓云、张同需：《5G+》，中信出版集团，2019。

6. 谢康等：《电子商务经济学》，电子工业出版社，2003。

7. 马化腾等：《数字经济》，中信出版集团，2017。

8. 马化腾等：《互联网＋》，中信出版集团，2015。

9. 凯文·凯利：《新经济新规则》，刘仲涛、康欣叶、侯煜译，电子工业出版社，2014。

10. 沈逸：《美国国家网络安全战略》，时事出版社，2013。

11. 韩伟：《数字市场竞争政策研究》，法律出版社，2017。

12. 马骏等：《中国的互联网治理》，中国发展出版社，2011。

13. 迈克尔·波特：《国家竞争优势》，李明轩、邱如美译，华夏出版社，2002。

14. 迈克尔·波特：《竞争优势》，陈小悦译，华夏出版社，2005。

15. 唐·泰普史考特：《数据时代的经济学：对网络智能时代机遇和风险的再思考》，毕崇毅译，机械工业出版社，2016。

16. 尼古拉·尼葛洛庞帝：《数字化生存》，胡泳、范海燕译，电子工业出版社，2017。

17. 《中国互联网金融行业发展回顾及未来发展前景分析》，中国产业信息网，2018 年 1 月 15 日。

18. 《中国数字经济发展与就业白皮书（2019 年）》，中国信息通信研究院网站，2019 年 4 月 17 日。

19. 《2019 年中国数字经济行业市场现状及发展趋势分析，六大举措抢占全球发展制高点》，前瞻产业研究院网站，2019 年 8 月 9 日。

20. 《2019 年互联网和相关服务业运行情况》，工信部网站，2020 年 1 月 21 日。

21. 《2019 年电子信息制造业运行情况》，工信部网站，2020 年 2 月 12 日。

22. 《2019 年全国软件和信息技术服务业主要指标快报表》，工信部网站，2020 年 2 月 3 日。

23. 《〈工业互联网网络建设及推广指南〉解读》，工信部网站，2019 年 2 月 2 日。

24. 《〈关于深化“互联网＋先进制造业”发展工业互联网的指导意见〉的系列解读，解读五：构建工业互联网生态体系》，工信部网站，2018 年 1 月 16 日。

25. 《〈工业互联网平台评价方法〉解读》，工信部网站，2018 年 7 月 19 日。

26. 《信软司：推动互联网、大数据、人工智能和实体经济深度融合，培育壮大经济发展新动能》，工信部网站，2018 年 7 月 2 日。

27. 《2019 年软件和信息技术服务业统计公报》，工信部网站，2020 年 2 月 3 日。

28. 梅宏：《数字经济成型期：数据要素化是一项系统工程》，科学新闻网，2023 年 2 月 2 日。

29. Quah, Danny, Digital Goods and the New Economy, CEPR Discussion Papers 3846, C. E. P. R. Discussion Papers, 2003.

区块链经济发展研究报告

深圳大学传播学院　马春辉

摘　要：本报告简要回顾了区块链的发展历程，2019 年是中国区块链发展的重要一年。中国区块链的应用场景不断扩大，但区块链对经济发展的贡献还有待进一步拓展，并且区块链在应用场景方面还没有产生实质性的作用。本报告利用波特的钻石模型分析了中国发展区块链的主要优势，并提出未来区块链发展的重要方向。

关键词：区块链　经济应用场景　虚拟货币

区块链是什么？有人认为它首先是一种社会思潮。区块链的社会学基础是凯文·凯利在《失控》一书中观察及论述的基于生物逻辑的自然、社会、技术的进化规律，即分布式、去中心化，从边缘到中心再到边缘，从失控到控制再到失控。[①] 观察的结论往往落后于事物发展的进程。区块链本质上是一种技术，这种技术综合了信息技术、互联网技术和密码学技术。区块链作为一项信息技术是一切网络应用技术的基础。区块链最开始被应用于各种网络货币中，如比特币等。P2P 不是区块链的应用，而仅仅是一般网络技术的扩展应用。从金融科技创新的角度分析，未来的电子货币是区块链的应用。但是，电子货币存在一个问题，即去中心化直接影响

① 阿尔文德·纳拉亚南等：《区块链技术驱动金融》，林华等译，中信出版集团，2016。

了各国中央政府获得货币铸造税收入及国家对货币的主权。

一　区块链的发源

如果没有比特币，人们对于区块链也就不会如此重视。比特币产生后，人们开始关注加密货币，进而对区块链产生兴趣。区块链由此开始引起广泛关注，政府、学术界、企业家以及一般民众都在关注区块链，但他们对区块链的关注重点存在差异。政府关注如何运用区块链提升对社会经济的管理水平，如电子货币等。学术界对于区块链的关注主要有两个方面：一是讨论区块链问题，二是参与区块链问题实践。1990～2019 年评出的 50 位诺贝尔经济学奖得主中有 14 位参与了区块链问题的讨论和实践。这些经济学大家有的认为基于区块链的比特币是一种泡沫。约瑟夫·斯蒂格利茨认为数字货币应由政府许可并控制，而目前比特币价格的上涨是没有理由并且不可持续的，比特币是一种泡沫。同样将比特币视作泡沫的还有理查德·塞勒、让·梯若尔、罗伯特·C. 默顿三位诺贝尔经济学奖获得者。区块链从诞生之日起就具有去中心化的特点。其实，区块链的中心化是可以随时形成一个中心，但这一中心不是以人为主体，而是以事件为主导，由事件形成中心，让人们参与其中。比特币就是一个典型事件，从参与各方来讲，比特币没有中心，但比特币的交易事件可以形成中心。现在世界上已经形成了几个比特币中心交易所。

对于普通人而言，对区块链应用场景的认知始于数字货币和矿机制造。现在区块链正朝数字票据、物流航运、制造、金融、医疗、供应链、物联网等多个领域发展。在美国、德国、荷兰、新加坡等发达国家，区块链重点应用于物流跟踪、生产制造、能源结算、慈善管理等领域。数字票据、资产托管、物流航运、食品医药安全溯源、数字内容版权等领域也在大力发展区块链应用。

区块链的核心技术是密码学技术和算法技术。社会越发展，对于安全性的要求就越高。货币发展就是典型案例，在物物交换时代，双方直接交易，以物换物，当场清点；当出现了货币媒介时，交易就有了安全性的要求。金银时代的货币安全性体现在成色真假，交易双方仅凭经验评定货币的成色。纸币成为流通媒介后，仿造纸币成了威胁货币安全性的首要问题，发钞当局不断提升纸币防伪技术，随之而来的是防伪成本越来越高。

区块链商业化应用受到一定限制，原因是技术成熟度不高，应用成本高。区块链存在可扩展性不强、效率较低、手续费偏高、经济模型设计不尽合理等现实问题，私钥加密、智能合约、分片、跨链、侧链等关键技术仍处于试验或试用阶段，还存在程序和代码上的漏洞。此外，区块链仍然存在数据共享与同步化问题。同时，区块链的基础设施建设及规模化应用处于起步阶段。区块链的正常运行涉及同步优化和实时转化等诸多问题，在区块链上记录相关信息也需要多方参与、数据同步，从目前的情况来看，相关硬件和软件的建设仍需较长时间，超大容量的区块链存储系统暂时还难以实现。

如果从区块链的发展历程来分析，区块链也就只有十多年的历史。虽然密码学和数学都研究保密问题，但进展缓慢，直接推动区块链产生的是中本聪的论文及比特币。区块链为什么最先产生在金融领域？因为安全性和私密性是金融领域追求的终极目的。安全性关系信用和协调。在货币交易中，从大的方向讲就是两个体系：一是现金交易体系，二是信用体系。现金交易安全性高、风险小，但交易不便，受到很大限制。信用体系交易灵活、便利，但风险大。中本聪的比特币充分考虑了安全性和便利性，点对点加密的办法解决了信用问题并且降低了风险。从信用卡在线支付发展到网络信用卡在线支付是重要的转型升级。信用卡在线支付涉及银行、信用卡公司、中介公司，要求使用者对银行、信用卡公司、中介公司的安全性具有一定信心。使用网络信用卡在线支付要求个人隐私得到较好的保护，但增加了支付的复杂性。1994 年，第一虚拟公司成立，这是一家早期中介支付公司。公司利用网页浏览器开始全面使用 HTTPS 加密协议，但交易比较复杂，交易支付时间长，因此公司经营情况不理想。20 世纪 90 年代中后期，随着网络本身的发展，产生了一些具有竞争力的中介体系，如安全电子交易协议（Secure Electronic Transaction，SET）。SET 高效实用，得到维萨（VISA）、万事达、网景、IBM、微软、威瑞信、RSA 等大公司的开发应用，并形成一个标准体系。网络现金公司（Cybercash）就采用了 SET 体系，这家公司除了线上处理信用卡业务，还发行一种网络电子货币赛博硬币（Cybercoin）。但网络现金公司于 2001 年破产，破产的原因有两个：一是当时美国政府限制加密技术出口；二是网络现金公司没有解决好商业模式的问题。SET 高效实用的根本原因是它解决了认证问题，认证就是把加密身份（公钥）与现实身份联系起来，但这个过程比较复杂。比特币巧妙地解决了这个问题。电子货币相当于现金，由现实中的现金转换为电子现金会遇到双重支付的问题，在密码学中解决双重支付问题需要利用盲签名（blind signature）。1983 年，大卫·乔姆（David Chaum）提出了把加密技术运用到现金上的想法。1988 年，大卫·乔姆、阿莫斯·菲亚特（Amos Fiat）、摩尼·纳欧尔（Moni Naor）三人合作提出了线下电子货币的概念。1989 年，大卫·乔姆创立数字现金公司，着力解决线上支付问题。大卫·乔姆的几项数字现金技术获得专利，特别是盲签名技术，但也妨碍了同类技术进步。密码朋克（Cypherpunk）的几位密码学家模仿盲签名技术开发了一种魔法货币（Magic Money），类似于电子现金产品。严格意义上来说，密码朋克侵犯了大卫·乔姆的专利权，但他们宣称该技术只用于实验，因此没有被禁止。本·劳里（Ben Laurie）在其他人的帮助下开发了 Lucre 系统，以非专利技术代替电子现金中的盲签名技术。伊恩·戈德堡（Ian Goldberg）提出了解决电子货币无法分割换零钱问题的方案。数字现金公司也以失败告终，失败的原因是没有充分考虑用户与用户的交易关系。

虚拟货币价值的思想可以追溯到 1992 年密码学家辛提亚·沃克（Cynthia Dwork）和摩尼·纳欧尔提出的解决垃圾邮件问题的算法。1997 年，亚当·贝克（Adam Back）编写哈希现金（Hashcash）代码采用过相似的设计。比特币中的“挖矿”就是解哈希方程。

比特币的产生与密码朋克运动有关。自由主义人士和极端自由主义人士认为极少政府或者没有政府干预，社会会好很多。这些观点和密码学结合，特别是在20世纪70年代后期出现了公钥密码学，参与密码朋克运动的人认为，拥有强大的网络隐私和强加密，人们可以更加有效地保护自身的权益，少受政府干预。

区块链是比特币的一项关键技术。它是一个数据库，一个分布式账本，可以安全地记录比特币的交易信息。区块链理论基础来源于1991年哈勃（Haber）和斯拖尔内塔（Stornetta）发表的系列论文。他们提出了安全地对数字文件进行时间戳记录的方法。

2008年中本聪发表了题为《比特币：一种点对点的电子现金系统》的白皮书，标志着比特币产生。2009年1月比特币正式上线交易，交易活跃，但也出现了一些问题，如资本管制困难、犯罪、“丝绸之路”暗网毒品交易、洗钱等。

在比特币之前就有人提出过相似的货币产品。这种货币产品都可以通过解出数学计算题，新建区块而成为矿工。比特币还舍弃了签名，只依靠哈希指针来确保数据结构的完整性。真正的时间戳对比特币来说不是很重要，整个系统的意义在于根据先后顺序记录交易信息，并确保它不能被篡改。比特币区块并不按固定时间表产生。在比特币系统里，平均每10分钟产生一个新的区块，相邻两个区块的时间间隔会有较大的差别。

比特币从根本上融合了用数学计算来控制新币的产生和用安全的时间戳来记录交易信息并防止双重支付这两种思路。在比特币之前就有人曾提出融合这两种思路的方案，只是当时技术还不成熟。比如戴伟（Wei Dai）在1998年提出的B币（B-money），任何人都可以通过一个类似于哈希现金的系统创造虚拟货币，比特币也是如此，都有一个点对点网络，每个节点维护一个数据库账本，但它不同于比特币的区块链，并不记录全部交易信息，每个节点都有它自认为准确地记录了每个账户余额的账本。

尼克·萨博（Nick Szabo）也提出过类似的方案，名为比特黄金（Bit-gold）。萨博宣称他早在1998年就有了创建比特黄金的想法，但直到2005年才在博客上公开发布。

比特币与B币、比特黄金有很多重要的不同之处。B币和比特黄金通过数学计算直接创造货币，任何人都可以解题，答案本身就是货币。但在比特币体系中，解决数学计算并不直接构成货币，而是确保区块链安全，间接地在有限的时间里创造新货币。B币和比特黄金靠时间戳给货币的创造和转账签名。比特币不需要被认证过的时间戳，它只是用时间戳来保存区块和交易的先后顺序。

对于服务器和节点对数据库账本的记录不符的问题，B币和比特黄金并未提供明确的解决方案。上述两位发明人所著文章暗示的解决方案是，由大多数人来决定到底哪个是对的。但是，因为任何人都可以用不同身份设置1个或100个节点，这个解决方案并不可靠，除非有一个管理员来监管网络入口。比特币则恰恰相反，如果攻击者想更改数据，必须比其他所有人加起来的解决数学计算的速度更快。这样才能保证安全性，还可以让我们直观地看到整个系统有多安全。

B币和比特黄金都不是正式发布的体系，B币是在一篇发表在邮件群组的文章中提出的，比特黄金则是在几篇博文中提出的。二者未被真正实施和广泛应用，它们也没有给出详细的设定或程序源代码；二者都存在可能无解的若干问题，比如数据库账本不一致。如何设置创造新货币的数学计算难度也是非常重要的问题，因为具有同等计算能力的硬件随着时间的推移越来越便宜，针对这一问题，比特币采用了周期性自动调节计算难度的机制。B币和比特黄金没有这样的机制，因此它们的货币会因为创造难度降低而贬值。

比特币产生后带来的直接后果是引爆了区块链的应用和各种准电子货币的研究开发，特别是促使各国政府加入电子货币的研发队伍。中国政府对电子货币的研发在世界上处于领导地位。

区块链技术能在金融领域发扬光大的主要原因在于比特币充分运用了区块链技术，实现了点对点交易，不需要金融机构，通过加密证据而不是中心化的信用保证，信用存在于网络而不是某个中心机构。威廉·穆贾雅（William Mougayar）指出，区块链还存在三个角度不同但互相补充的机体，即技术、商业、法律。从技术角度分析，区块链是一个后台数据库，维护一个公开的分布式账本。从商业角度分析，区块链是一个交易网络，可以在没有中介的情况下，在个人之间实现交易、价值和资产转移。从法律角度分析，区块链取代了传统信用体系，可以确认交易。

二　区块链应用领域

全球主要国家已经开始围绕区块链技术，在物联网、智能制造、供应链管理、数字资产交易等重点领域积极部署应用。我国区块链技术在数字金融、社会治理领域的应用取得了一定进展。在区块链应用方面，我国要紧密结合实体经济发展和社会福祉提升等切实需求，积极推进区块链和经济社会深度融合发展，为经济高质量发展带来新动力。推进区块链和经济社会融合发展，应该加强基础理论与技术研究，重点支持区块链存储、私钥加密、共识和跨链等关键技术的研发与应用，着力促进关联区块链技术的跨学科共性基础研究与交叉学科应用研究。另外，国家要高度重视技术生态培育，整合政府、高校、企业、行业组织等资源，建设和完善区块链创新生态。加快推动5G与区块链融合发展，充分发挥5G的低时延、高速率、低成本特点，提升区块链系统效率。我国发展区块链应用还应该加强法律法规与行业监管，增强区块链技术的安全可控性和对区块链平台的自主掌控权；进一步研究完善有关区块链在投融资、智能合约、资产证明等领域应用的法律法规，维护区块链产业的良性运转，降低相关企业的合规性风险；持续加强规范国内数字货币交易所，严控场外交易，严厉打击洗钱、诈骗、传销等行为，加快研究推出数字货币交易监管措施。

区块链是一系列互联网治理机制的集合，包括工作量证明、互联网共识、智能合约、互联网透明、社交网络互评分、密码学等。区块链可以说是一种类似互联网的事物，一种具有多层级和多类型应用的综合信息技术，可以在金融、经济、货币各领域应用，范围十分广泛，包括资产登记、清单编写、价值交换、硬资产（有形财产、住宅、汽车等）以及无形资产（投票、创意、信誉、数据/信息等）。区块链是事物的所有量子数据呈现、评估和传递的一种新型组织范式，很可能使人类活动的协同达到空前的规模。

从理论上讲，所有行业都可以应用区块链，但现实经济活动还无法完全实现这一点，只有一些重要领域应用了区块链技术，并且只是初步的应用，很多区块链应用仍局限在单一概念层面。大量案例分析显示，区快链应用的主要领域是金融、保险和政府服务。但区块链的应用已逐渐进入3.0时代，区块链涉及各行各业，简而言之，区块链进入了“区块链+”时代（见图1）。

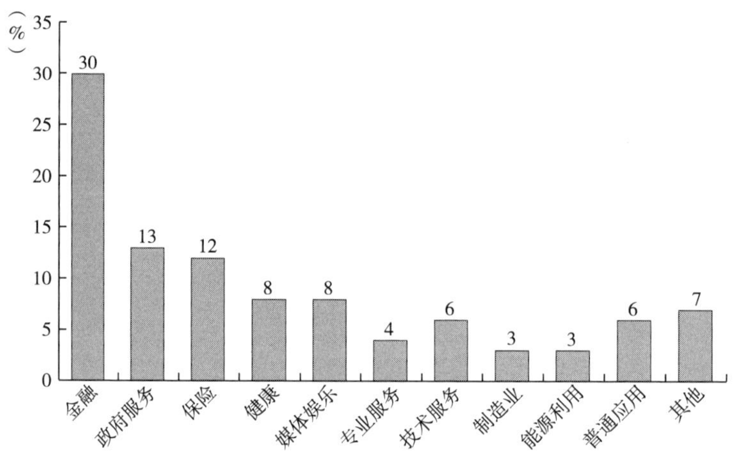

图1　区块链主要应用场景占比情况

（一）区块链与存在证明

我们的日常生活及社会管理都离不开身份证明，因此这种证明必须是有效的。按现行办法，身份证明只能由相关部门出具，比如公安部门出具无犯罪证明、民政机关出具结婚证明等，费时费力。利用区块链技术，使用分布式智能身份认证系统，一切信息就能不可改动又准确无误地记录在区块链网络上，这样既可以保障个人信息安全，又可以提供身份证明。中国很多社会经济管理仍然有计划经济的迹象，如生产中的费用列支、成本核算、政府管理部门的费用支出，均需要提供发票，而这些证明和票据需要防伪以证明其唯一性。区块链技术能够较好地解决这些问题，但目前应用还处于初级阶段。2019 年深圳开出全国第一张区块链电子发票，但此后开具数量稀少，尚处于试点阶段。

深圳开具了全国首张不动产销售区块链电子发票之后，广州、深圳、昆明、北京等地也相继推出区块链电子发票，税收服务管理进入区块链试点时代。与传统电子发票相比，区块链电子发票保证了发票的真实性、唯一性和溯源性。区块链在税务领域的应用，有利于税务机关追溯发票的来源、辨别真伪和查询报销等信息，使税务机关做到无界、跨界监控，实现国家税收业务高效治理。2020 年以来，杭州、广州、昆明、北京的多个民生领域开始加快推广区块链电子发票。与此同时，航天信息股份有限公司与国家税务总局大连市税务局签署区块链应用框架合作协议。北京、昆明也分别上线了停车场缴费区块链电子发票和地铁区块链电子发票。区块链电子发票的特性杜绝了发票虚开、一票多开等问题，有利于税务机关追溯发票的来源、报销等信息，做到无界和跨界监控，从而实现税收业务的高效治理。[①]

（二）区块链与物联网

物联网（Internet of Things，IoT）即“万物相连的互联网”，是基于互联网延伸和扩展的网络，是将各种信息传感设备与互联网结合起来而形成的一个巨大网络，能够在任何时间、任何地点实现人、机、物的互联互

① 罗逸姝：《多地“竞速”区块链电子发票“区块链 + 智能政务”发展加快》，《经济参考报》2020 年 4 月 15 日。

通。2005 年 11 月 17 日，在突尼斯举行的信息社会世界首脑峰会（WSIS）上，国际电信联盟（ITU）发布了报告《ITU 互联网报告 2005：物联网》，该报告指出，无所不在的物联网时代即将来临，世界上所有的物体从轮胎到牙刷、从房屋到纸巾都可以通过互联网主动进行交换。在物联网时代，射频识别技术、传感器技术、纳米技术、智能嵌入技术将得到更加广泛的应用。1998 年，美国麻省理工学院创造性地提出了当时被称作 EPC 系统的物联网的构想。1999 年，美国麻省理工学院的自动识别中心首先提出物联网的概念，其主要建立在物品编码、射频识别技术和互联网的基础上。在中国，物联网最早被称为传感网，中科院早在 1999 年就启动了传感网的研究，并取得了一些科研成果，建立了一些传感网。

2003 年，美国《MIT 技术评论》提出传感网络技术将是改变人们生活的十大技术之首。距物联网概念提出已过去了二十多年，物联网虽然得到较大发展，但核心技术没有突破，还没有真正实现广泛应用。全世界还没有大规模应用物联网的场景，区块链技术已融入物联网领域，但也仅仅是实验状态与初级应用。

（三）区块链金融

金融业是最需要创新的行业，因为金融业是社会经济发展最超前的行业。在信息时代，金融业是信息最密集的行业。信息技术的任何一次进步都会改变金融业的生态。从信用卡支付、网络支付、网络银行、互联网金融到区块链金融，都导致了金融生态圈的改变。区块链技术对于需要保持高度安全性的金融业而言是一项重要的创新技术。区块链技术的应用给金融业带来了破坏性创新，因为该技术突破了传统的货币发行方式，使传统的纸币发行向电子货币转变，纸币很可能成为历史。2019 年，各国央行开始进行数字货币布局以抢占先机。欧洲各国及英国、日本、瑞士、加拿大、瑞典的央行联合组建央行数字货币小组，并由欧洲央行牵头，这显示了欧洲在发展数字货币领域的决心。爱沙尼亚在 2017 年就提议创建“欧版”数字货币，欧洲央行于2018年启动数字货币研发，但当时仅将目标设定为“创建一个覆盖全欧盟的实时支付系统”，并不涉及银行间清算和结算。欧洲央行提出会同成员国央行在现有金融系统的基础上审视数字货币的成本和收益，尤其要评估其发挥金融中介作用的连锁反应。未来欧盟居民可在该行直接开设账户，大幅降低跨国支付的交易成本。瑞典央行与埃森哲公司联手推出E－KRONA数字货币试点项目。瑞典央行早在2016年就着手研发基于欧元的E－KRONA，于2017年9月发布了全球首份数字货币法律研究报告。埃森哲公司负责在1年内构建E－KRONA面向消费者的各种移动应用场景，并用7年时间精密测试其应用过程和环境。[①] 中国人民银行早在2014年就启动了数字货币的研究。2020年中国人民银行法定数字货币DC/EP基本完成顶层设计、标准制定、功能研发、联调测试等工作，由中国人民银行牵头，工、农、中、建四大国有商业银行和中国移动、中国电信、中国联通三大电信运营商共同参与的法定数字货币试点项目在深圳、苏州等地落地。中国电子货币的发展在全球范围内是比较超前的。

三　中国区块链发展现状

区块链作为一个产业，规模虽然不是很大，但发展前景较好。2017年全球区块链产业规模为52亿美元，2018年为78亿美元，2019年达120亿美元左右，2013～2019年的年均增长率超过60%。2017年我国区块链产业规模为21亿美元，2018年为29亿美元，2019年达42亿美元左右，2013～2019年的年均增长率超过65%。[②]

我国大力推动区块链发展的最强信号是国家主席习近平的讲话。在2019年10月26日中共中央政治局第十八次集体学习会议上，习近平主

① 田原：《欧洲展露数字货币雄心》，《经济日报》2020年1月23日。
② 李颋：《区块链创新发展的机遇与挑战》，光明网，2019年10月31日。

席强调，要抓住区块链技术融合、功能拓展、产业细分的契机，发挥区块链在促进数据共享、优化业务流程、降低运营成本上的作用。中共中央政治局第十八次集体学习会议后，股票市场的上涨也反映了区块链发展的热情。据统计，2019 年我国区块链相关的上市公司平均股价上涨了 66%。国家外汇管理局也积极运用跨境金融区块链服务平台等技术手段，便利中小企业开展贸易融资。截至 2020 年 4 月 7 日，跨境金融区块链服务平台累计完成应收账款融资放款金额 227 亿美元，服务企业近 3000 家，其中中小企业占比 75% 以上。[①] 目前我国各地发展区块链的策略主要是园区化集群发展，充分发挥区块链的整体效应。全国区块链产业园区集中在杭州、广州、上海，这三大城市区块链产业园区数量占全国的 50% 以上。

2020 年 5 月“两会”期间，有 20 余位人大代表、政协委员对外发布有关区块链产业发展提案议案，主要涉及区块链的应用和推广。比如，积极争取数字货币在长三角地区先行先试；运用区块链等保护特色产品品牌；集中力量发展国产自主可控的区块链技术平台，建立自主可控的区块链生态体系；中小银行运用区块链等科技手段；算力、数据、算法是中国新基建的基础支撑，政府应营造区块链应用普及的生态环境，推动区块链创新发展，设计基于区块链技术的多式联运信息平台。

区块链技术主要由企业推广。根据 2019 年我国沪深两市上市公司的数据进行分析，涉及区块链业务的公司有 217 家，占沪深两市全部上市公司的 5.7%。其中，沪市主板 40 家，深市主板 22 家，创业板 83 家，中小板 72 家。深市区块链类上市公司占比达 7.9%。217 家公司按上市板块分类，在沪市主板上市的占 18.4%，在深市主板上市的占 10.1%，在深市中小板上市的占 33.2%，在深市创业板上市的占 38.2%。如表 1 所示。

---

① 《跨境金融区块链服务平台完成应收账款融资放款金额 227 亿美元》，第一财经网，2020 年 4 月 17 日。

表 1　涉及区块链业务的 217 家公司上市板块及占比情况

单位：家，%

类　别	数量	百分比
沪市主板	40	18.4
深市主板	22	10.1
深市中小板	72	33.2
深市创业板	83	38.3
合　计	217	100.0

资料来源：根据上市公司公开资料统计整理。

将 217 家上市公司按提及区块链的次数分组，提及区块链 250 次以上的公司超过了 20%，这说明很多传统上市公司急于转型，如表 2 所示。

表 2　涉及区块链业务的 217 家公司按提及区块链的次数分组情况

单位：家，%

类　别	数量	百分比
50 次及以下	45	20.7
51 ~ 100 次	39	18.0
101 ~ 150 次	33	15.2
151 ~ 250 次	45	20.7
251 ~ 350 次	24	11.1
351 ~ 450 次	16	7.4
451 ~ 550 次	5	2.3
550 次以上	10	4.6
合　计	217	100.0

资料来源：根据上市公司公开资料统计整理。

进一步分析，开发应用区块链的公司很多是处于区块链低端的公司，它们仅参与区块链的应用研发，公司本身的业务并没有涉及区块链。比如，晨鸣纸业的主营业务是造纸，仅参股国家网信办第二批区块链技术企业北京共识数信科技有限公司，该公司主营业务是面向机构、企业和政府端的联盟区块链建设，提供区块链解决方案、产品研发等，2019 年提及区块链业务 254 次。深交所主板上市公司提及区块链的有 22 家，这些上市公司主要是想通过区块链促使公司战略转型。东旭蓝天在 2018 年 6 月 27 日公告公司与融链科技签署协议，以1500万元对融链科技增资并取得其20%的股权，融链科技是我国领先的能源区块链技术服务商。

在这217家涉及区块链业务的上市公司中，我们重点分析94家，其中在沪市上市的占42.6%，在深市主板上市的占23.4%，在深市中小板上市的占10.6%，在深市创业板上市的占23.4%，如表3所示。

表3　上市板块分布

单位：家，%

类　　别	数量	百分比
沪市主板	40	42.6
深市主板	22	23.4
深市中小板	10	10.6
深市创业板	22	23.4
合　计	94	100.0

资料来源：作者根据上市公司公开资料统计整理。

根据对94家样本公司的分析，各公司实力相差较大。按市值统计，最大的公司市值有3000多亿元，最小的只有7亿多元。

四　区块链发展瓶颈与未来

区块链最早是作为记录全网所有发生的比特币交易的公开账本。区块链应用的潜在优势可以突破经济领域，向政治、公益、社交、科学等领域发展。区块链技术在经济、政治、人道主义和法律方面的应用，表明区块链有潜力成为一个能重塑社会生活各方面及生活方式的颠覆性创新技术。现阶段区块链应用最直接的场景可以分三个层次：第一层是货币，与现金有关，如货币转移、汇兑、支付及未来的电子货币等；第二层是合约，如股票交易、债券、期货、贷款、按揭、产权、智能资产等合约；第三层超越货币、市场的范畴，如在政府管理、健康服务、科学、文化艺术等领域的应用。从理论上讲，所有领域都可以应用区块链。因为区块链是建立在互联网基础上的一种加密去中心化的技术，互联网是区块链应用的基础。区块链是一种元技术，它不仅本身是一种技术创新，还可以影响和改变其他科技。

我国区块链的应用具有广阔的前景。从目前的应用案例来看，我国区块链技术应用领域比较广泛，涉及货币、电子商务、娱乐等行业。

（一）波特产业竞争力模型

从产业经济学的角度分析，我们可以利用波特产业竞争力模型，即波特的钻石模型进行分析。波特认为，决定一个国家某种产业竞争力的基本要素有四个：生产要素，包括人力资源、天然资源、知识资源、资本资源、基础设施；需求条件，主要是国内市场需求；相关产业和支持产业的表现，即这些产业和上游产业是否有国际竞争力；企业战略、结构和竞争对手的表现。这四个要素具有双向作用，形成钻石体系。政府和机会虽然不是模型的基本要素，但这两个要素对一个国家产业竞争力也有重要影响。因此，六个要素构成了波特的钻石模型，如图2所示。波特的钻石模型可以用来分析一个国家某种产业为什么会在国际上有较强的竞争力。

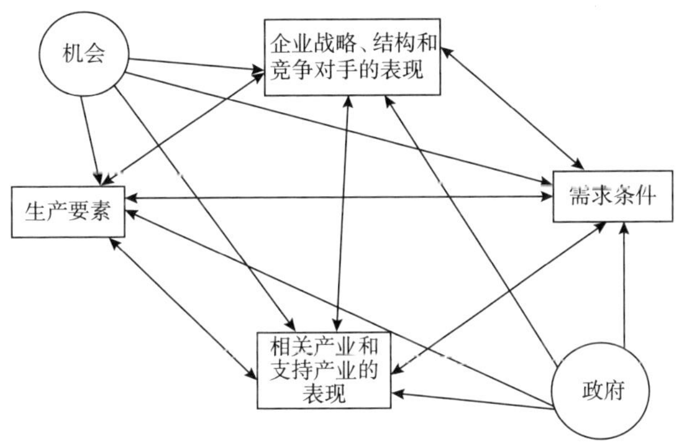

图2　波特的钻石模型

资料来源：迈克尔·波特：《国家竞争优势》，李明轩、邱如美译，郑风田校，华夏出版社，2002。

1. 生产要素

任何一个产业要发展，生产要素都是一个基本的要素，而要提高生产要素的效率，关键是有效组合生产要素。波特的产业竞争力理论将生产要素划分为初级生产要素和高级生产要素。初级生产要素是指天然资源、气候、地理位置、非技术工人、资金等，高级生产要素则是指现代通信、信息、交通等基础设施，以及受过高等教育的人力资源和研究机构等。初级生产要素代表生产要素的量，高级生产要素代表生产要素的质。现代产业结构取决于高级生产要素。生产要素还可以从专业化角度划分为一般生产要素和专业生产要素。高级专业人才、专业研究机构、专用的软硬件设施等是专业生产要素。越是精细的产业越需要专业生产要素，而拥有专业生产要素的企业也会形成更强的竞争优势。一般生产要素指普通的人才、土地、资本等。一个国家如果想通过生产要素建立起强大而又持久的产业竞争优势，就必须发展高级生产要素和专业生产要素，这两类生产要素的可获得性与精细程度也决定了竞争优势的质量。

2. 需求条件

需求条件主要是国内市场需求，国内市场需求是产业发展的动力。随着我国经济总量的增大、人均收入的提高，国内市场进入快速发展时期。我国明确提出在“十四五”期间构建“双循环”发展格局。国内市场与国际市场的不同之处在于企业可以及时发现国内市场的客户需求，全球性竞争不会削弱国内市场的重要性，全球市场是国内市场的延伸。

3. 相关产业和支持产业的表现

任何产业都存在产业链，不同的只是有的产业链长，有的产业链短。与数字经济相关的产业是发展的主导产业和技术攻关重点领域，没有相关产业发展，主导产业不可能形成强大的竞争力，更不可能形成竞争优势。主导产业发展带动周边产业的发展，周边产业发展反过来又会促进主导产业进一步发展。在形成产业竞争优势的过程中，相关产业和支持产业与优势产业存在一种休戚与共的关系。在相关产业和支持产业研究结论中，波特的竞争力理论提醒人们注意“产业集群”现象，一个优势产业往往不是单独存在的，它一定是同国内相关优势产业一同崛起的。

4. 企业战略、结构和竞争对手的表现

波特的竞争力理论认为企业走向国际化的动力很重要。这种动力可能来自国际需求的拉力，也可能来自本土竞争者的压力或市场的推力。创造与延续产业竞争优势的最大关联因素是国内市场强有力的竞争对手，这一点与许多传统观念相矛盾。产业结构调整、升级和同业竞争的加剧，能够推动企业走向国际，参与全球竞争，并在优胜劣汰中提高竞争力。

5. 机会

机会是可遇而不可求的，可以引起四大要素发生变化。对企业发展而言，获得机会的情况大致有以下几种：基础科技的发明创造；传统技术出现断层；外因导致生产成本突然提高（如石油危机）；金融市场或汇率的重大变化；市场需求的剧增；政府的重大决策；战争。机会是双向的，它往往在使新的竞争者获得优势的同时，使原有的竞争者丧失优势，只有能满足新需求的厂商才能有发展机会。

6. 政府

开展产业竞争的是企业而非政府，竞争优势的创造最终必然要反映到企业中。世界上最高效的政府也无法决定应该发展哪个产业，以及如何达到最适当的竞争优势，因为政府的行为总是滞后于市场。政府能做的事只有为企业提供所需要的资源，为产业发展创造环境。政府只有扮演好自己的角色，才能成为扩大波特钻石模型的力量，政府可以创造新的机会，也可能产生压力，政府直接进入的应该是企业无法有效发挥作用的领域，也就是能够产生外部成本的领域，如建设和完善基础设施、开放资本渠道、培养信息整合能力等。从政府对四大要素的影响看，政府对需求条件的影响主要是政府采购，但政府采购有严格的标准，扮演挑剔的顾客角色，美国的汽车安全法规就是基于政府采购标准而制定的，采购程序要有利于竞争和创新。在形成产业集群方面，政府不能无中生有，但可以强化产业集

群。政府在产业发展中最重要的角色是竞争规范制定者，避免托拉斯的产生。过度保护会延缓产业竞争优势的形成，使企业停留在缺乏竞争的状态。

（二）中国区块链竞争力前景

接下来运用波特的竞争力理论对我国的区块链竞争力前景进行分析。

1. 生产要素

中国区块链发展的生产要素表现在以下两个方面。第一，资本资源。经过改革开放以来四十多年的发展，我国已积累了一定的资本，筹资能力不断提高。2019 年，实际使用外商直接投资金额 9415 亿元，同比增长 5.8%，折 1381 亿美元，同比增长 2.4%。2019 年高技术产业实际使用外资 2660 亿元，同比增长 25.6%，折 391 亿美元，同比增长 21.7%。2019 年末全部金融机构本外币各项存款余额 198.2 万亿元，比年初增加 15.7 万亿元，其中人民币各项存款余额 192.9 万亿元，比年初增加 15.4 万亿元。2019 年末全部金融机构本外币各项贷款余额 158.6 万亿元，比年初增加 16.8 万亿元，其中人民币各项贷款余额 153.1 万亿元，比年初增加 16.8 万亿元。2019 年沪深两市 A 股累计筹资 13534 亿元，比上年增加 2076 亿元；首次公开发行 A 股 201 只，筹资 2490 亿元，比上年增加 1112 亿元，其中科创板股票 70 只，筹资 824 亿元；A 股再融资（包括公开增发、定向增发、配股、优先股、可转债转股）11044 亿元，比上年增加 964 亿元；全年各类主体通过沪深交易所发行债券（包括公司债、可转债、可交换债、政策性金融债、地方政府债和企业资产支持证券）筹资 71987 亿元，比上年增加 15109 亿元。全国中小企业股份转让系统挂牌公司 8953 家，全年挂牌公司累计股票筹资 265 亿元。2019 年发行公司信用类债券 10.71 万亿元，比上年增加 2.92 万亿元。① 第二，基础设施。我国

① 资料来源：《中华人民共和国 2019 年国民经济和社会发展统计公报》。

发展区块链的基础设施较好，宽带入户数量不断增长。新基建概念的提出为区块链产业发展夯实了基础。新基建有利于我国占领全球产业竞争和投资布局的战略高地，奠定增强全球竞争力的新基础。三次工业革命都以相应时代的新型基础设施建设为标志和必要条件。在全球进入第四次工业革命的初始阶段，以新一代信息技术和数字化为核心的新型基础设施正在成为全球产业竞争和投资布局的战略高地。新基建概念首次被提及是在2018年12月中央经济工作会议上，会议明确了加快5G商用步伐，加强人工智能、工业互联网、物联网等新型基础设施建设的定位。新冠疫情发生以来，国家层面开始密集部署，2020年1月的国务院常务会议、2月中央深改委会议、3月中共中央政治局常委会会议都提到新基建，特别是3月的中共中央政治局常委会会议明确强调加快新型基础设施建设进度。新基建不仅包括5G基建、大数据中心、人工智能、工业互联网、物联网等新一代信息技术，还包括特高压、城际高速铁路和城际轨道交通、新能源汽车充电桩。新基建所涉及的产业都是区块链发展的先导产业。

在人力资本方面，人力资本和中级人力资本方面的研究都较为丰富。四十多年来，我国高等教育培养了大批高水平人才，从根本上提高了我国人力资源的数量和质量。统计数据显示，2019年研究生招生91.7万人，在校研究生286.4万人，毕业生64.0万人；普通本专科招生914.9万人，在校生3031.5万人，毕业生758.5万人。此外，我国也已经有一批像华为这样的技术领先的国际化企业。

2. 需求条件

一个产业的发展必然由需求拉动，区块链产业发展的需求拉动是一个重要因素。中国的信息产业能够后来居上，在技术上实现超越，主要原因是我国是一个信息技术需求大国。中国的移动支付、社交媒体的发展等都是由需求拉动的。区块链的发展涉及人们日常生活的方方面面，现实需求和潜在需求比较大，为形成规模经济和规模效应奠定了基础，进而增加产业内的技术竞争，增强了产业集群的国际竞争力。

3. 相关产业和支持产业的表现

目前我国涉及区块链的产业范围较广，基本上处于全面发展状况。前文对 217 家涉及区块链的沪深两市上市公司的分析显示，这些上市公司的业务涉及区块链各个环节，基本上形成了一个内循环的产业集群和产业链。

4. 企业战略、结构和竞争对手的表现

区块链产生以后，很多企业已经把区块链应用作为企业转型的发展方向，5000 多家 A 股上市公司中已经有 200 多家企业提出利用区块链进行公司业务转型。一些非上市公司也提出要充分利用区块链推动公司业务转型。区块链的应用场景也不断拓展，我国所有行业都有区块链成功应用的案例。

5. 机会

机会的重要性在于它可能打断事物的发展进程，使原来领先的企业竞争优势失效，而落后国家的企业如果能顺应局势变化，就能利用机会获得新一轮竞争优势。区块链虽然是一项新的技术，但应用场景比较广泛。因此，未来存在大量发展机会。区块链的应用场景已在各行各业初显迹象，中国人民银行推动的基于区块链的数字票据交易平台测试成功。数字货币作为一种金融工具，已在全世界很多国家获得认可。京东全球购 2018 年战略规划用区块链全程溯源。好莱坞将使用区块链技术来打击盗版，电影公司现在除了粉碎文件外，还会使用加密技术和防篡改、防拆封的文档来防止电影情节泄露。盗版行为每年给美国电影行业造成大量损失，这些盗版行为包括在网上泄露和传播剧本、影片等。随着广告的成功上链，古井贡酒也将推动白酒溯源，白酒生产、销售、购买的各个节点都将上链，区块链的分布式不可更改特性能够保证古井贡酒货真价实。区块链应用于农业生产，不仅可以追踪农产品生产全过程，还可以随时查看农场机械传感器的状态，印度利用区块链技术为农民提供肥料补贴。杭州互联网法院确立区块链电子存证的法律审查方式。

6. 政府

对于发展区块链，我国各级政府都非常重视，出台的支持区块链产业发展的文件涉及范围较广，从研发到市场全产业链应有尽有。根据《证券时报》统计，截至2020年2月26日，全国召开地方两会的29个省（自治区、直辖市）中，有22个在2020年政府工作报告中提及区块链，将区块链视作当地传统产业转型和数字经济新动能的重要助力。北京、广东、山东等7省市还提及了当地区块链应用场景方向，其中电子政务成为其共同的发展方向。北京、上海、广东、重庆、浙江、江苏、贵州等17个省市已出台32项区块链相关政策，北上广成为出台区块链相关政策最集中的地区，共出台11项政策，占全国的三分之一。[①] 政府虽然不能通过行政干预影响产业发展的内在规律，但可以通过有效的措施对产业集群加以正确引导。区块链应用在中国会有较大发展，但应用区块链时还有一些问题需要解决。

区块链最核心的任务是构建P2P自组织网络、时间有序不可篡改的密码学账本、分布式共享机制，从而建立和实现去中心化的信任机制。基于区块链技术建立的信任机制，与中心化体系的信任机制相比，最大的优点是不可篡改和低成本。区块链目前已经在很多领域得到应用，但作为一种新的应用技术，区块链还有很多方面需要完善和改进。共享机制的效率与去中心化本身存在矛盾，如何解决共享机制的效率与去中心化的矛盾是区块链发展中亟须解决的问题。去中心化程度越高，共享机制效率就越低。大规模的账本存储也会降低效率，为了满足上层业务的需要，改进账本的存储策略和访问机制也是未来发展的方向，不解决这些矛盾，效率很难提高。区块链账本数据很容易扩展，作为基础性的设施，为了满足上层多样化应用业务或场景的需要，需要提高账本数据组织的个性化定制能力。

---

① 《全国17个省市发布区块链相关政策，北上广成为政策落地集中地》，区块网，2018年12月7日。

区块链的发展还面临着很多社会经济体制、法律意识形态等方面的问题。

一是去中心化问题。去中心化是一项很好的创新，但实现起来有一定的困难，特别是在政府和政治领域。区块链在商业应用中去中心化，但不一定是最好的选项。目前很多所谓的区块链仅是互联网的翻版，没有实现真正的去中心化。现实中社会经济存在大量的中心化事项，在已经存在中心化的领域，要实现去中心化非常困难。

二是区块链应用需要加快社会经济体制改革步伐。区块链作为一项创新技术，需要多个市场主体参与，新的市场主体与原有的市场主体可能会产生冲突，解决冲突需要原有市场主体进行改革，以适应区块链技术的创新与应用。这就需要国家层面加快社会经济体制改革步伐，适应区块链业务创新。

三是价值链发生重大转化。第一次产业革命、第二次产业革命、第三次产业革命都实现了价值链创新，但价值链主要还是以实体经济为主导。区块链的应用属于第四次产业革命的重要范畴，区块链使价值链发生了重大转化，由实体经济主导向服务经济主导转化，特别是向知识和技术经济转化。实体经济要应对价值链的这种重大变化，就需要企业自身重构业务形态和进行组织变革。

四是区块链的应用广度和深度取决于算法技术和加密技术的进步。比特币的诞生起源于密码学的发展，密码学进一步发展成为加密技术。没有加密技术的发展，去中心化就没有意义。因此，区块链应用的广度和深度取决于算法技术和加密技术的进步。

五是区块链技术的成熟程度。区块链技术不是由中心化的机构研发产生的，而是一群自发的研发者开发出来的，而这一项技术又处于网络应用的高端层次。去中心化是区块链技术的优势，但从研发方面分析，去中心化又是区块链技术的劣势。对于完全开放的研发技术，没有一个机构投入大量的研发力量进行系统研究，不利于技术应用的成熟。同时，由于区块链技术开发的开放性，也缺少统一的技术应用标准和规范。

六是市场接受程度。区块链作为网络应用的高端技术，已经历了十多年的发展，但目前市场接受程度还比较低，这主要是由于应用比较复杂，另外也有成本方面的考量。作为一项应用技术，区块链在应用方面还没有完全成熟的案例作为标杆，更没有应用区块链后企业效益明显提高的案例。深圳市在2020年初就开出了全国第一张区块链电子发票，但到目前为止，深圳市还没有大规模应用区块链电子发票。这说明区块链大规模应用还有一些问题需要解决。

七是专业区块链人才培养。区块链对于开发者来说还没有显示出明显的价值，只有潜在价值和社会价值，这样很难吸引大公司投入大量的研发资金。从业务和服务性质分析，区块链涉及一个组织机构的流程再造，小机构没有必要投入大量的研发力量去再造流程，而大机构的流程再造比较难，因此大机构和小机构对区块链的应用都存在摇摆不定的状况，不可能投入大量资金去培养专业的区块链人才。

八是政府监管。区块链是一项新技术，各国政府对区块链业务的监管没有现成的经验。区块链面临的核心问题是信用缺失。习惯上，监管是政府设计一个中心，由这个中心去实现信用监管职能，区块链是以去中心化的模式运作的，这对于政府监管是一个挑战。

参考文献

1.《增强新基建带动性、释放经济发展新动能》，《人民日报》2020年4月17日。
2. 威廉·穆贾雅：《商业区块链》，林华等译，中信出版集团，2016。
3. 梅兰尼·斯万：《区块链：新经济蓝图及导读》，龚鸣等译，新星出版社，2016。
4. 阿尔文德·纳拉亚南等：《区块链技术驱动金融》，林华等译，中信出版集团，2016。
5. 迈克尔·波特：《国家竞争优势》，李明轩、邱如美译，郑风田校，华夏出版社，2002。
6. 罗逸姝：《多地“竞速”区块链电子发票“区块链+智能政务”发展加快》，《经济参考报》2020年4月15日。
7. 田原：《欧洲展露数字货币雄心》，《经济日报》2020年1月23日。

8. 李颋：《区块链创新发展的机遇与挑战》，光明网，2019 年 10 月 31 日。
9.《跨境金融区块链服务平台完成应收账款融资放款金额 227 亿美元》，第一财经网，2020 年 4 月 17 日。
10.《全国 17 个省市发布区块链相关政策，北上广成为政策落地集中地》，区块网，2018 年 12 月 7 日。

专题篇

区块链与5G赋能智慧城市建设研究

深圳大学传播学院　马春辉　周倩慧

摘　要： 本报告简要回顾了智慧城市概念的发展，对中国智慧城市建设现状及与智慧城市直接相关的信息技术产业进行描述，总结了中国智慧城市发展中的几大问题，并从区块链、5G技术、社会、传播等视角提出了智慧城市发展的建议。

关键词： 智慧城市　区块链　5G赋能

一　智慧城市及其发展内涵

随着信息技术的发展，特别是网络信息技术的发展，世界城市管理进入了数字化发展新阶段。2008年，IBM针对信息技术与城市的发展，提出了智慧地球的理念。智慧地球的理念主要以技术应用为主。这些技术最早是航天航空领域的技术，然后向建筑、材料、交通、物联网等领域扩展。2009年9月，美国迪比克市与IBM共同宣布，建设美国第一个智慧城市，即运用IBM的新技术，将城市内部的所有资源（水、电、油、气、交通和公共服务等）连接起来，通过监测、分析和整合各种信息，为市民提供智能服务。2009年，中国国务院总理温家宝诠释了物联网、智慧地球等概念，智慧城市进入国家层面的视野。2014年3月，中共中央、国务院发布《国家新型城镇化规划（2014—2020年）》，智慧城市建设正式成为国家行为。

建设智慧城市是我国城镇化转型和发展的必然之路，但对智慧城市建设应包括什么内容目前还没有统一的标准，造成这一状况的主要原因是对于什么是智慧城市还存在很大争议。马克·迪金指出，在向智慧城市演化的过程中，技术、社会及更广泛的环境和文化智能方面的信息高度集中，交流极为方便，在学习方法、知识转移和能力构建训练方面所采用的敏锐的研究方法和颇具关键性的前瞻角色为智慧城市的发展打下了基础。[①] 马克·迪金并没有定义什么是智慧城市，但他描述了智慧城市的内容。IBM认为建设智慧城市是为了将数字技术应用到物理系统中，并利用数据扩展生活空间，提高生活的效率与质量。智慧城市就是利用信息通信技术所提供的机会，促进地方繁荣、增强竞争力，这是一种综合性的城市发展战略，它涉及多种因素、多个部门和层次。智慧城市本质上不仅能够把那些以知识为基础的经济连接起来，而且能够创造出集合社区智能的思想，这是在能力和特征方面取得成功的基础。卡拉留等人从信息技术的运用角度来认识智慧城市。[②] 还有人把智慧城市直接定义为"数字城市 + 物联网 + 云计算 = 智慧城市"。[③] 邬贺铨院士认为智慧城市是使用智能计算技术，让城市的关键基础设施的组成与服务更智能、互联和有效。[④] 陈如明认为智慧城市通过对人力资源、社会资源和传统及现代新型基础设施的投资，促进可持续经济发展和高质量生活，同时通过参与治理的机会实现对自然资源的管理。[⑤] 从上述对于智慧城市定义的讨论可以看出，要定义智慧城市是一件非常困难的事情。根据我们对智慧城市各种定义的整合与理解，智

---

① 马克·迪金编著《智慧城市的演化：管理、模型与分析》，徐灵等译，华中科技大学出版社，2016。

② 安德里亚·卡拉留、基娅拉·德·波、彼特·尼坎：《欧洲智慧城市》，陈丁力译，《城市观察》2012 年第 4 期。

③ 李德仁：《数字城市 + 物联网 + 云计算 = 智慧城市》，《中国新通信》2011 年第 20 期。

④ 邬贺铨：《浅淡智慧城市建设的基础与内涵》，《中国信息化周报》2013 年 6 月 10 日。

⑤ 陈如明：《智慧城市定义与内涵解析》，《移动通信》2013 年第 3 期。

慧城市是充分利用信息通信技术基础，在网络社区管理者主导下，由各种网络社区成员组成的集合体。智慧城市建设是一个不断发展的过程。既然对于智慧城市进行定义比较困难，那我们就先来探讨智慧城市基本特征。IBM 在《中国智慧城市》白皮书中认为智慧城市的基本特征是基于新一代信息技术的应用，包括全面物联、充分整合、激励创新、协调运作四个方面。物联网的应用是智慧城市的重要内容，智慧城市对物联网全面综合集成应用表现在四个方面，即全面感知、可靠传递、智能处理、人性化管理与服务。智能处理是利用云计算、数据挖掘、智能模糊识别等各种智能计算技术，对数据进行快速、集中、准确的分析和处理，是智慧城市区别于数字城市的关键，也是实现智慧城市的关键和标志。人性化管理与服务，强调城市的运行如同人一样具有灵性和智慧。智慧城市应面向应用和服务，与物理城市融为一体，实现自主组网及自维护。① 国内专家对智慧城市的定义有 11 种代表性观点，城市政府对智慧城市的理解有 10 种代表性观点，企业对智慧城市的理解有 3 种代表性观点。② 不论从哪个角度讨论智慧城市，基本的内容有两个：一是城市网络信息技术建设，这是硬件建设；二是城市信息技术的普及程度，包括内容建设和传播及各种创意活动。

智慧城市发展源于欧美等发达国家，智慧城市发展模式分为国家、区域和市域三个层次。智慧城市发展模式的逻辑架构具体应该包括下列六个要素：主体要素、资源要素、驱动要素、路径要素、规范要素、目标要素。③ 2014 年 11 月 15 日，国务院总理李克强主持召开国务院常务会议，会议决定要积极支持云计算、物联网和移动互联网等融合发展，催生基于云计算的在线研发设计、教育、医疗、智能制造等新业态，确定促进云计算创新发展的措施，培育壮大新业态、新产业。这些新业态是智慧城市建设的重要内容。

---

① 王宁、王业强：《智慧城市研究述评与对新型城镇化的启示》，《城市观察》2015 年第 4 期。
② 余红艺：《智慧城市：愿景、规划与行动策略》，北京邮电大学出版社，2012。
③ 吴标兵、林承亮、许为民：《智慧城市发展模式：一个综合逻辑架构》，《科技进步与对策》2013 年第 10 期。

智慧城市理念对城市未来发展的影响是多方面的，主要体现在四个方面：一是城市管理，通过智慧化管理全面提高城市的综合管理效率；二是发展战略性新兴产业，构建智慧城市的物联网、互联网、无线网络、卫星定位、云计算、软件设计等技术将迎来新一轮的大发展，特别是物联网产业；三是引发科技创新潮流；四是提供更美好的城市生活。智慧城市建设将改变我们的生存环境，改变人与物、物与物之间的联系方式，也必将深刻影响人们的生活、娱乐、工作、社交等行为方式。[①] 智慧城市的发展取决于网络技术的发展，网络技术是智慧城市发展的核心。随着区块链、AI、大数据、云计算、物联网在智慧城市中的应用，智慧城市将会全方位影响城市经济社会。

二　我国智慧城市发展

与发达国家比较，我国在网络应用方面差距仍然明显。根据国际电信联盟发布的《衡量信息社会报告（2016）》，我国信息化发展指数（IDI）在全球排名第 81 位，较上年提升 3 个名次，IDI 值为 5.19（全球平均 4.94），IDI 值增幅居全球第 13 位。固定宽带和移动宽带高速发展是我国 IDI 排名提升的核心因素，我国固定宽带普及率达 18.6%，同比提升 4.2 个百分点，全球排名由第 63 位上升至第 55 位；移动宽带普及率达 81.3%，同比提升 15 个百分点，全球排名由第 75 位上升至第 68 位[②]。但这没有影响我国智慧城市的发展，我国智慧城市的发展基本与发达国家同步，原因是我国信息技术，特别是 5G 技术的发展与发达国家同步，我国在某些领域已经超过发达国家，成为世界同类技术的领跑者。

由于 5G 商用的提速，智慧城市发展进入了一个新的时代。5G 商用的拓展加强了生态合作，促进物联网、云服务、智慧生活、产业化发展，加快培育新兴产业。截至 2019 年 12 月底，三家基础电信企业发展蜂窝物联网用户

① 资料来源：《2016 年中国智慧城市建设市场现状调查与未来发展前景趋势报告》。
② 《国际电信联盟（ITU）发布最新 IDI 指数》，中国通信工业协会，2016 年 12 月 1 日。

达10.3亿户，全年净增3.57亿户。网络电视（IPTV）用户全年净增3870万户，净增IPTV用户占净增光纤接入用户的78.9%。

智慧城市的发展与产业渗透目前主要局限在服务和公共信息发布场景，就应用层次而言，智慧城市还处于初级阶段。随着区块链应用的深入，智慧城市发展进入2.0时代。深圳作为中国特色社会主义先行示范区，正在探索智慧城市的转型，为建设智慧城市贡献中国经验。中国民航中南地区管理局发布了《民航中南地区管理局关于支持深圳机场建设智慧机场先行示范的指导意见》和《深圳智慧机场数字化转型白皮书》，民航中南地区管理局将支持深圳智慧机场建设先行示范，明确了深圳机场创立“智慧机场标杆”、打造“新技术应用高地”的发展定位，提出到2030年全面实现数字化与业务的深度融合，智能化达到世界一流水平，实现智慧机场先行示范的建设目标。2017年，深圳机场便开启了智慧机场建设。当时深圳机场与国际航空运输协会（IATA）签署了合作备忘录，加入“未来机场”项目试点。深圳机场累计投入11亿元，规划建设了近100个智慧化项目，形成了机场安全“一张网”、运行“一张图”、服务“一条线”的新模式，致力于打造“数字化的最佳体验机场”。2018年，深圳机场与华为合作，率先开始数字化转型探索，启动智慧机场信息化建设。深圳机场制定了数字化转型规划，充分应用人工智能、大数据、5G等新技术，打造示范引领的新IT服务体系，努力构建智慧机场建设的“深圳方案”。2019年以来，深圳机场航班放行正常率超过87%，并历史性地首次实现航班正常率连续15个月超过80%，位居全国大型机场前列。深圳机场通过运用人脸识别系统、行李自动传送装置、毫米波人体安检仪等一系列安检新技术、新设备，实现了全流程自助安检。深圳机场在国内率先实现了机位资源智能分配，每天抵离深圳机场的有千余架次航班，原先由人工分配机位需耗时4小时，现在通过AI计算并分配仅需1分钟。①

① 《近百个项目构建智慧机场“深圳方案”》，《深圳特区报》2019年12月11日。

三　我国智慧城市发展中的问题

智慧城市其实是创意城市的发展，充分体现了创意创新与科技的融合。分析智慧城市的发展及演变可以看出，智慧城市建设主要包括三部分：硬件、软件、内容。硬件需要大量投资，软件需要大量高端人才，内容需要好的创意。从我国智慧城市发展的实际情况来看，主要存在以下几方面的问题。

（一）城市原有基础设施不能适应智慧城市建设需要

我国城市化发展迅速，城市人口占比由1990年的35%上升到2019年的61%。人口的增长带动了城市房地产的发展，特别是城中村的发展。城中村的规划设计先天不足。智慧城市不仅是建设和管理信息化，它更是一个应用信息化技术的综合集成城市可持续发展系统，这个系统包括城市的建筑系统、城市社会管理系统、城市基础设施建设与运营系统等。2010年，IBM提出智慧城市的三层架构：智慧建筑、智慧城市、智慧地球。我国国家智慧城市（区、镇）试点指标体系（运行）基本上是按照这三层架构设计的。从实践效果观察，我国建设智慧城市的信息化部分效果比较好，而在智慧建筑、智慧地球方面效果略差一点。国家智慧城市（区、镇）试点指标体系（运行）城市建设与管理部分明确指出建筑节能、绿色建筑、节水应用、供水系统、排水系统、垃圾分类、地下管线与空间综合管理、智慧环保、智慧国土、智慧应急等方面存在差距。2021年河南郑州市特大洪水灾害充分暴露了我国智慧城市建设中存在的问题。

（二）区域发展不平衡

由于历史、自然等原因，我国区域经济发展不平衡仍然存在，东西差距、南北差距以及新兴工业化地区与计划经济时代的工业化地区之间的差距是我国区域经济差距的具体表现。区域经济差距又导致了我国教育水平、信息化认知等方面的区域差距持续扩大。区域经济发展不平衡，我国知识的区域差距也在扩大，还造成网络接触率的差距。

2014年，中国社会科学院信息化研究中心和国脉互联智慧城市研究中心对100个城市的智慧城市发展水平进行排名，将100个样本城市按照经济地理区域划分为东北部、东部、中部、西部。从各区域具体得分来看，东北部地区平均得分为34分，得分率为32.4%；东部地区平均得分为47.7分，得分率为45.4%；中部地区平均得分为34分，得分率为32.4%；西部地区平均得分为32.5分，得分率为31.0%。[①] 东部地区智慧城市发展水平领先于其他地区，西部地区整体智慧城市发展水平较低，西部、中部与东北部地区智慧城市发展均低于总体平均水平。2011～2014年，中国智慧城市发展水平排名前十位的全部是东部经济发达地区的城市。移动电话是智慧城市功能的重要传播载体，全国移动电话普及率为95.8部/百人，其中，东部地区是114部/百人，中部地区是79.4部/百人，西部地区是87.7部/百人。贵州的全国大数据中心在一定程度上缩小了中西部地区在智慧城市建设上的差距。

2014年，中国企业信息化及电子商务发展地区分布格局没有变化，全国每百人使用计算机台数增加了2台，每百家企业拥有网站数为58个，电子商务交易活动比重上升到7.2%，东部沿海经济发达地区仍然处于优势地位。

（三）城市居民应用智慧城市领域不广泛

智慧城市的应用范围非常广泛，从发展较好较快的沿海经济发达地区智慧城市来看，智慧城市主要应用于交通、医疗、平安城市、电子政务等方面。很多居民对于智慧城市的功能应用不多，有的居民根本就不知道怎样应用智慧城市的各种平台。智慧城市各平台有学习功能、创新功能等，

① 《2014中国智慧城市发展水平评估结果揭晓》，国脉集团官网，2014年11月27日。

但使用率较低。电子政务的应用在欧盟等地区已广泛吸引市民高度参与社会事务和政务，体现出较强的互动性。我国电子政务除了加快办事进程和有限的市民参与（主要是用来了解个别决策事项），基本是一个单向的政府机构向社会宣传、发布通告的窗口媒体。实际上，智慧城市的广泛应用能推动一个地区的经济、社会、政治生活发生转变，欧盟一些国家把这些方面的转变作为具有可持续性和竞争性的长期发展战略，目的是通过创造性的知识网络、战略规划、综合性城市管理和 ICT 的成功运用，创建具有竞争力的城市，追求城市的可持续发展和繁荣。

（四）公共信息安全隐患

智慧城市涉及大量公共信息和私人信息，保护使用者信息安全十分重要，如果使用者在使用智慧城市的功能时没有安全感，实施智慧城市就失去了意义。信息安全是市民重点关心的问题，特别是近年来金融诈骗经常发生，暴露出智慧城市存在公共信息安全隐患。教育、知识获取、城市管理等本应是智慧城市发挥最大作用的领域，但信息安全问题使智慧城市在这些方面的应用受到一定限制。例如，高校图书馆馆藏资料完全可以在任何地方通过账号获取，高校教师也完全可以通过账号在家处理工作，但出于安全性考虑，很多高校都没有开放校外登录。2011 年 4 月，全球最大的电子邮件营销公司艾司隆（Epsilon）发生了史上最严重的黑客入侵事件，导致许多企业的客户名单以及电子邮件地址外泄，受害企业包括摩根大通、第一资本集团、万豪酒店、美国银行、花旗银行及电视购物网络等。同年 4 月，索尼公司也遭到黑客攻击，1 亿份账户资料遭到泄露，索尼公司不得不将 PlayStation 网络和 Qriocity 流媒体服务关闭了将近 1 个月，花费了约 1.71 亿美元来弥补损失。①

① 《大数据引发的安全问题及相关应对措施》，中国工控网，2017 年 7 月 10 日。

（五）投入不足

目前我国各地智慧城市建设的初期投入主要来自社会资金、财政投入和银行贷款，社会资金占 39%，财政投入约占 25%，银行贷款占 25%。从智慧城市相关的信息传输、软件和信息技术服务行业来看，2018 年全社会固定资产投资中，信息传输、软件和信息技术服务行业占 1.22%，而在 2003 年这一比重为 2.99%。在一些财政困难的城市，智慧城市的建设意愿落后于经济发展的需要。

四　发展智慧城市的策略

发展智慧城市已经成为国家和地方政府的重要工作。从不同层面建设智慧城市，可以从以下几个方面设计政策。

（一）多元化投入模式

智慧城市建设是未来经济社会发展的重要方向，智慧城市建设也主要侧重于基础设施和内容两方面。2019 年中国 5G 技术的应用标志着中国的智慧城市建设进入一个全新的时代。智慧城市的发展要适应新时代的要求，需要进行大量投资，更新信息基础设施。智慧城市建设周期长，一般要 3 ~5 年才能建成，需要大量的资本投入。智慧城市收支中的成本模式与一般项目不同，其固定成本可以随规模的扩大无限降低。因此，收益需要规模支撑。但是，智慧城市建设初期效益难以评估。虽然近年来国家出台了允许民营资本进入通信行业的政策，但智慧城市建设资金目前主要以国家投入为主，多采用项目贷款等方式，智慧城市建设资金来源单一。在未来的智慧城市发展中，对于不涉及国家和公共安全的领域，应实行产权多元化，智慧城市产业向民营资本开放，实行多元化建设智慧城市的模式。中国很多地方政府引入 PPP 投资模式建设智慧城市，但这种建设模式需要完善，因为智慧城市涉及公共安全。

（二）加快5G技术应用

5G技术应用于智慧城市建设将会全面提升城市的效率。在已有的智慧城市应用的基础上，全面实现智慧物流、智慧电网、智慧港口、智慧工业控制、智慧物料管理、智慧密集人群管理、智慧空气治理、智慧城管，提升智慧城市的整体水平。在新冠疫情期间，政府数字经济平台发挥了重要作用。

专栏一　智慧城市建设加速

2019年9月，福州市政府发布了福州城市大脑顶层设计纲要，全面启动全国首个自主开放城市大脑建设。福州随之开启百余项数字应用示范场景建设，智慧停车、人脸识别、城市大数据平台等相继投入使用。

随着大数据、物联网、人工智能等现代信息技术向城市管理全过程、多领域延伸，福州城市治理能力正在向数字化、智能化、精细化大步迈进。有了信息技术的加持，城市内涝、交通拥堵、环境保护、治安城管等城市老大难问题得到有效解决。

面对疫情大考，数字化治理大显身手，5天就研发上线的“福州新冠肺炎动态监测分析平台”，有力支撑了疫情态势研判、疫情人员排查以及对流动人员的疫情监测。

资料来源：高建进《数字化添翼，让智慧城市建设加速》，《光明日报》2020年6月4日。

（三）加强区块链技术在智慧城市建设中的应用

区块链技术是实现新型智慧城市概念建设的重要纽带，负责连接概念中的各个数据板块，同时通过自身功能对数据进行分布式储存、特征分析、逻辑推演，在实际应用中具有良好表现，起到了降低城市能源损耗、精确控制经济消耗以及保障信息运维安全的作用。我国智慧城市建设从试点到全面推广已经经历了十多年的时间，随着信息技术的发展，特别是区块链技术的发展，智慧城市建设过程中将引入大量的区块链技术。区块链技术在智慧城市建设中的应用，将突破智慧城市现有的边界，其应用范围将会从现在侧重服务于居民的生活，拓展至全方位的城市管理。第一，安全性应用。区块链技术可以应用于智慧城市的很多场景，如物联网设备可以应用区块链技术对接入设备进行安全认证。这是一个新趋势，网络设备都可以应用区块链进行安全认证，这样就能保证整个网络链上的设备安全传递，保证网络应用的设备从任何地方进来都是安全的，都是经过合法有效认证的。第二，各种支付的安全性提高、更加快捷。中国的网络支付系统在全球都处于领先水平，也是智慧城市建设的亮点。但随着数字货币的发展和应用，支付的安全和快捷成为用户关注的重点，在智慧城市建设中引入区块链技术能够较好地解决这个关键问题。第三，提高产品的质量。企业通过区块链可以建立原材料追溯制度。产品的去向可以利用区块链追踪。区块链可以解决我们的隐私问题、假货问题以及企业和企业之间的凭证信用等问题。另外，区块链技术的应用在一定程度上能够有效保护知识产权不受侵犯，同时又降低保护成本。

专栏二　城市精细化管理

以数字经济为抓手，华为依托5G、云计算、大数据、物联网等新技术打造城市信息基础设施，助力深圳构建公共服务领先、人民安居乐业、产业发展争优的城市环境，推进深圳“双区驱动”。

深圳市政府管理服务指挥中心是一个能看、能用、能思考、能联动的智慧城市运行和指挥中枢，汇聚各类信息系统和数据，打通42个业务系统、100多类数据、28万多路监控视频，并形成市、区、街道三级联动的指挥体系。通过这个指挥中心，既可以宏观掌握城市运行全局，又可以实时关注城市在经济、生态、交通、公共安全、城市治理等方面的具体动态。通过相关信息的“一图全面呈现”“一网运行联动”，深圳实现用数据驱动城市管理服务精细化、科学化、智能化。在交通方面，华为与深圳交警部门联合创新共建“鹏城交通智能体”，以视频云、大数据、人工智能、5G为技术核心，建立了一个统一、开放、智能的交通管控系统，全面提升交通智慧化、精准化管控水平。目前，双方正在探索将“5G + AI”技术应用于“深圳交警铁骑 2.0”，打造全国首支5G“铁骑”车队，“铁骑”将在行驶中自动识别沿途车辆，并将高清视频通过5G网络实时上传云端，实现移动卡口、移动查缉、移动视频等“云—边—端”一体化精准管控新勤务。

城市的基础设施数字化升级以及各产业的数字化转型，是一个复杂的系统性工程。2017 年，全国信息技术标准化技术委员会发布了《智慧城市技术参考模型》，提出了智慧城市的总体架构，涵盖“感、传、知、用”等要素，恰如人体“眼、脑、手、脉”的功能，只有城市全要素融会贯通，才能确保顺畅运行。

华为联合生态合作伙伴为全球 40 多个国家、200 多个城市提供智慧城市解决方案。在国内，华为既有在北京、上海、天津、深圳、苏州等发达城市的全面建设经验，也有在湖南益阳、安徽黄山、江西鹰潭、甘肃敦煌等中西部城市的实践。

资料来源：《华为助力城市精细化管理，让深圳更聪明》，《人民日报》2020 年 6 月 22 日

（四）加大居民对智慧城市的认知传播力度

技术的发展、社会的进步给人们的生活带来便利，也给犯罪分子带来机会。电话诈骗、网络诈骗等成了社会公害。城市居民对于智慧城市的认知并不乐观。从安徽芜湖收集的 507 份有效问卷中，45% 的市民没有听说过智慧城市。对 282 名市民进行深入调查，只有 11% 的人很了解智慧城市，36% 的人一般了解，53% 的人不了解。[①] 2013 年北京市也做过一项调

① 刘玉林：《智慧城市建设居民普及现状实证研究》，《北京城市学院学报》2016 年第 6 期。

查，调查结果显示社会对智慧北京建设工作的知晓度也相对较低，“网格化管理”是智慧北京建设中与社区居民密切相关的内容，但问卷调查的受访者知晓社区“网格化管理”的比重仅为15.9%；政府部门公共管理的智能化是智慧北京建设的核心内容之一，但调查结果显示部分政府职能部门对智慧北京建设与本部门工作职责的相关性了解得尚不够全面①。智慧城市应用范围十分广泛，但由于认知较少、传播工具的使用熟练程度低，很多城市居民不知道智慧城市的各种功能及使用方法，在政府力推智慧城市的状态下，需要提升居民对智慧城市的认识，提高智慧城市各项功能的使用效率。

（五）智慧城市信息的获取和信息立法保护

针对大数据时代的隐私安全问题，很多国家立法保护公众隐私。2012年2月，美国公布了《消费者隐私权利法案》，同年美国联邦贸易委员会（FTC）发布了有关消费者隐私权利保护的最终报告。欧盟数据保护工作组曾在2009年分别致信谷歌、微软和雅虎三大搜索引擎巨头，认为搜索引擎服务商保存用户搜索记录时间超过6个月的理由不成立，要求这三家搜索引擎商必须缩短用户搜索信息的保留时间。我国目前还没有较为完整的信息获取和保护方面的法律，而信息技术的发展、智慧城市建设需要法律规范政府、法人、公民的权益。2020年5月28日，第十三届全国人民代表大会第三次会议通过的《中华人民共和国民法典》第1034条到第1039条明确提出保护个人信息安全，但在司法实践中，加强保护个人信息安全还有较长的路要走。

参考文献

1. 王宁、王业强、王业强：《智慧城市研究述评与对新型城镇化的启示》，《城市观察》

① “北京市东城区智慧城区评价指标体系研究”课题组：《智慧城市发展指数研究——北京市智慧城市发展指数测算与实证分析》，国家统计局网站，2013年11月26日。

2015 年第 4 期。

2. 安德里亚·卡拉留、基娅拉·德·波、彼特·尼坎:《欧洲智慧城市》,陈丁力译,《城市观察》2012 年第 4 期。

3. 李德仁:《数字城市 + 物联网 + 云计算 = 智慧城市》,《中国新通信》2011 年第 20 期。

4. 陈如明:《智慧城市定义与内涵解析》,《移动通信》2013 年第 3 期。

5. 邬贺铨:《浅淡智慧城市建设的基础与内涵》,《中国信息化周报》2013 年 6 月 10 日。

6. 吴标兵、林承亮、许为民:《智慧城市发展模式:一个综合逻辑架构》,《科技进步与对策》2013 年第 10 期。

7. 黄艾华:《网络传播加剧知识沟扩散》,《现代传播》2002 年第 4 期。

8. 张协奎、乔冠宇、徐筱越、陈伟清:《西部地区智慧城市建设影响因素研究》,《生态经济》2016 年第 7 期。

9. 国家统计局统计科学研究所信息化统计评价研究组:《2013 年中国信息化发展指数(Ⅱ)研究报告》,国家统计局网站,2014 年 5 月 6 日。

10. 马克·迪金编著《智慧城市的演化:管理、模型与分析》,徐灵等译,华中科技大学出版社,2016。

11. 余红艺:《智慧城市:愿景、规划与行动策略》,北京邮电大学出版社,2012。

12. 李扬、潘家华、魏后凯、刘治彦主编《智慧城市论坛(NO. 2)》,社会科学文献出版社,2015。

13. 中国智能城市建设与推进战略研究项目组编《中国智能城市建设与推进战略研究》,浙江大学出版社,2015。

14. 葛健等:《智慧城市的理论与实践》,经济管理出版社,2014。

15. 刘春明:《区块链技术在新型智慧城市建设中的应用探讨》,《智能城市》2019 年第 12 期。

16. 付平、刘德学:《智慧城市技术创新效应研究——基于中国 282 个地级城市面板数据的实证分析》,《经济问题探索》2019 年第 9 期。

17. 广东宏景科技有限公司、广东省建筑智能工程研究开发中心编著《智慧建筑、智慧社区与智慧城市的创新与设计》,中国建筑工业出版社,2015。

18.《国际电信联盟（ITU）发布最新IDI指数》，中国通信工业协会，2016年12月1日。

19.《近百个项目构建智慧机场“深圳方案”》，《深圳特区报》2019年12月11日。

20.《2014中国智慧城市发展水平评估结果揭晓》，国脉集团官网，2014年11月27日。

21.《大数据引发的安全问题及相关应对措施》，中国工控网，2017年7月10日。

22. 刘玉林：《智慧城市建设居民普及现状实证研究》，《北京城市学院学报》2016年第6期。

社会治理数字化及未来发展趋势

深圳大学传播学院　马春辉

摘　要： 本文回顾了数字化治理概念的发展和网络化治理、网格化管理的理论，认为数字化治理体系是技术进步推动社会治理进步的技术性力量。改革开放后，中国人口流动性快速提升，社会治理更复杂，发展数字化治理意义重大。但我国数字化治理处于起步阶段，还存在一些问题。我国实行社会治理数字化有很多优势，但仍需要增加投入、健全法治体系等，保障数字化治理的健康发展。

关键词： 数字化　社会治理　网格化

一　数字化治理概念的发展

国家治理体系和治理能力现代化是一个国家的制度和制度执行能力的集中体现。推进国家治理体系和治理能力现代化是完善和发展中国特色社会主义制度的必然要求。社会治理是国家治理现代化的一个重要组成部分。社会治理数字化是加强社会治理的制度建设，其内容包括国家人口基础信息库、统一社会信用代码制度、相关实名登记制度、社会征信体系、社会心理服务体系、心理疏导机制、危机干预机制等。社会治理的重点在城乡社区。社会治理数字化是新时代社会治理的重要手段。由于信息化是一个不断发展的概念，信息技术日新月异，如何利用信息管理社会是我们面临的一个新问题。

数字化治理，也叫电子治理，是数字时代全新的先进治理模式。信息社会的出现为社会治理数字化提供了内容基础。佩里·希克斯（Perry Hicks）是较早研究数字化治理理论的学者。佩里·希克斯认为互动信息搜索和提供、数据库、灵活的政府流程以及“一站式”服务等已经使数字化治理理论具备了初步的框架。[①] 曼纽尔·卡斯特在《网络社会的崛起》中最先明确指出，随着网络社会的崛起，公共管理需要更为开阔的治理体系，而信息时代的到来为开阔的治理体系奠定了基础。因此，信息社会的崛起使公共管理的数字化进程迫在眉睫，也对公共管理的治理体系提出了更高的要求和挑战。[②] 直至20世纪90年代末，以邓利维为代表的国外学者围绕电子政府、网络化治理、数字化治理进行了较为深入的研究。邓利维指出数字化变革的9个要素：电子服务交付、基于网络的效用处理、国家指导的集中信息技术采购、自动化流程新形式、彻底的非中介化、渠道分流和顾客细分、减少受控渠道、促进权力均等主义的行政事务管理、走向开放的管理。[③]

网络化治理是20世纪末欧美国家为应对新公共管理改革带来的公共部门“碎片化”现象而逐步发展起来的。尽管仍未出现学界普遍认同的关于网络化治理的权威定义，但是21世纪以来不少国外学者尝试对网络化治理进行界定。国外学者对网络化治理理论的研究最早始于曼纽尔·卡斯特对治理的定义，他认为治理就是政府与社会力量通过面对面的合作方式组成的网状管理系统，实质上提出了治理结构应当是网络化的论断。[④] 詹姆斯·N.

---

① Perry, Dinna Leat, Kimberly Seltzer and Gerry Stoker, *Towards Holistic Governance: The New Reform Agenda*, New York: Palgrave, 2002.

② 曼纽尔·卡斯特：《网络社会的崛起》（第3版），夏铸九、王志弘译，曹荣湘审校，社会科学文献出版社，2006。

③ Patrick Dunleavy, *Digital Era Governance: IT Corporations, the State, and E - Government*, Oxford: Oxford University Press, 2006: 227.

④ 曼纽尔·卡斯特：《网络社会的崛起》（第3版），夏铸九、王志弘译，曹荣湘审校，社会科学文献出版社，2006。

罗西瑙认为网络化治理是活动领域里的一系列管理机制，它是一种由共同目标支持的活动，活动的主体未必是政府，也无须完全依靠国家的强制力来实现。[①] 伊娃·索仑森认为网络化治理的主体在水平方向上的联结是相关的、稳定的，并且相互依赖，但在运作中是各自自治的行动者；通过谈判相互作用；发生在一个管制的、规范的、认知的、理想的框架中；在某种意义上是自律的；在某些特殊的政策领域致力于公共目的的产出。在复杂、碎片化和多层次的社会中，网络化治理已经成为有效率的公共治理产出必不可少的组成部分。[②] 史蒂芬·戈德史密斯和威廉·埃格斯将网络化治理定义为依赖伙伴关系，能够平衡各种非政府组织以提高公共价值的哲学理念，以及种类繁多的、创新的商业关系的一种治理模式，在这种新的模式下，政府的工作不太依赖传统意义上的公共雇员，而是更多地依赖各种伙伴关系、协议和同盟所组成的网络来从事并完成公共事业。[③]

“网格”一词来自计算机领域的网格技术，网格技术是近年来国际上兴起的一种重要信息技术，其目标是实现网络虚拟环境下的高性能资源共享和协同，消除“信息孤岛”和“资源孤岛”。Foster 和 Kesselman 对网格的定义是在动态多机构虚拟组织中的资源共享和问题的协同解决。[④] 网格技术不仅在计算机领域非常重要，在公共管理领域中的应用也十分广泛，并在公共管理领域产生了网格化管理理论和模式。郑士源等人认为，网格化管理指的是借用计算机网格管理的思想，将管理对象按照一定的标准划分为若干网格单元，利用现代信息技术和各网格单元间的协调机制，使各个网格单元之间能够有效地进行信息交流，透明地共享组织的资源，最终

① 詹姆斯·N. 罗西瑙：《没有政府的治理》，张胜军译，江西人民出版社，2006。

② 田凯、黄金：《国外治理理论研究：进程与争鸣》，《政治学研究》2015 年第 6 期。

③ 史蒂芬·戈德史密斯、威廉·埃格斯：《网络化治理》，孙迎春译，北京大学出版社，2008。

④ Foster I.，Kesselman C.，*The Grid*：*Blueprint for A New Computing Infrastructure*，Morgan Kaufmann Publishers，1998.

达到整合组织资源、提高管理效率的目的。[①]

数字化治理、网络化治理理论和网格化管理理论是公共治理理论的重要发展成果，从不同方面体现了当代公共治理理论的发展趋势。它们在治理主体、价值追求和治理工具方面具有一定的契合性，但在政府角色、研究对象、评价标准和应用领域等方面存在一定的差异。

数字化治理、网络化治理、网格化管理三个概念有较大差异，但这三者的共同特点是信息的利用。

网络化治理是一种通过公私部门合作，非营利机构和营利机构等广泛参与提供公共服务的治理模式。数字化治理，即运用数字化思维、理念、战略、资源、工具和规则等新模式来治理信息社会，实现数据泛在融通共享、平台服务资源集聚开放、新技术应用场景持续创新。与传统的治理模式比较，社会数字化治理模式最大的优势就是信息传播便捷、精准、互动，信息数据在政府、社会、市场及公众之间能够畅通、有序传递。社会治理数字化把原来社会治理中的信息处理部分和一些基本的社会管理事项由人工处理向数字化处理转变，各级政府向社会公众发布信息及时准确，使公众办事更便利，办事环节减少，办事效率提高，并为政府管理社会提供决策支持。

二　社会治理数字化时代

技术进步是推动社会治理科学化的工具，也是提高社会治理效率的手段。任何技术变革都会给社会治理带来冲击，给社会治理带来变革。所谓社会治理，就是政府、社会组织、企事业单位、社区以及个人等主体，通过平等的合作伙伴关系，依法对社会事务、社会组织和社会生活进行规范和管理，最终实现公共利益最大化的过程。不同国家有不同的社会治理模式，同一个国家的社会治理模式在不同时期也会因为社会阶层结构的变

---

① 郑士源、徐辉、王浣尘：《网格及网格化管理综述》，《系统工程》2005 年第 3 期。

化、社会治理制度的演变、技术进步等因素而发生变化。随着信息技术的发展，智慧城市建设工程的实施，云计算、大数据的应用，人工智能的发展，5G技术的应用，我国社会治理进入了数字化时代。社会治理数字化极大地提升了政府的社会治理效率，优化了公共服务供给，提高了公众满意度。

社会治理实质就是对人的社会活动进行有效管理。我国人口众多，流动性大，对于人的社会活动管理是一个十分复杂的问题。2019年末，我国人口总量达到14亿人，城镇人口比重超过60%，随着农业转移人口市民化的持续推进，以及推动1亿非户籍人口在城市落户、中小城市和小城镇取消落户限制等政策的实施。2015～2019年我国流动人口状况见图1所示。

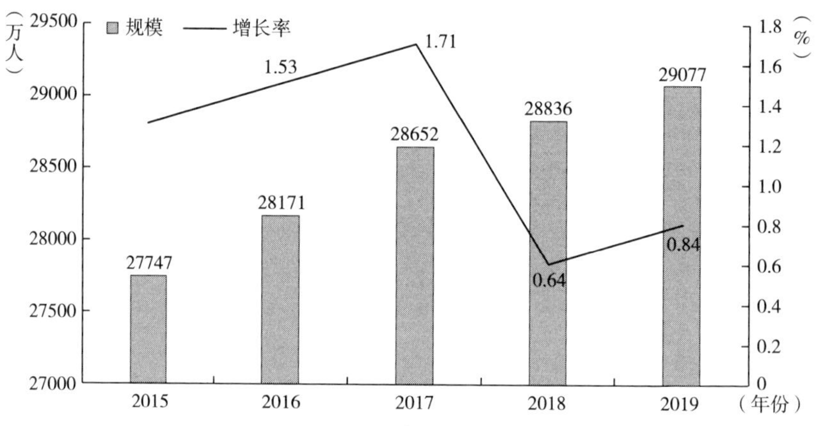

图1　2015～2019年我国人口流动状况

资料来源：国家统计局网站。

城镇化进程加速、流动人口复杂多变给社会治理带来了一定的难度。要解决这个难题，只能依靠社会治理模式创新与技术创新相结合，而社会治理数字化是社会治理模式创新与技术创新的完美结合。

创新社会治理模式是完善和发展中国特色社会主义制度、推进国家治理体系和治理能力现代化的重要组成部分。创新社会治理模式，实现社会治理结构合理化、治理方法科学化、治理过程民主化，是推进国家治理能力现代化的重要环节。随着互联网的发展，社会治理模式正在从单向管理转向互动管理，从线下管理转为线下线上融合管理，从单纯的政府监管向更注重社会协同治理转变。党的十八届三中全会提出，要改进社会治理方式，创新社会治理体制，以网格化管理、社会化服务为方向，健全基层综合服务管理平台。

网格化管理是近年来推进基层放权、社区治理的关键举措，根据属地管理、地理布局、现状管理等原则，将管辖地域划分成若干网格状的单元，并对每一网格实施动态、全方位管理，它是一种数字化管理模式。该模式可以向网格内的居民提供多元化、精细化、个性化服务。数字化社会治理模式是把网格化管理的硬件和软件结合起来，使我国的社会治理网格化模式更优化、更科学。网格化管理对于改进城市治理起到了根本性的作用，疫情发生后，大数据、人工智能、云计算等数字技术使网格化管理在疫情分析、病毒溯源、防控救治、资源调配等方面更好地发挥了支撑作用。通过疫情防控实战，“大数据 + 网络化”的技术在社会治理中发挥了重要作用。

三　社会治理数字化的优势

社会治理数字化是社会发展的必然过程，从治理模式比较优势分析，社会治理数字化具有传统条件下的社会治理模式所不具有的优势。

第一，信息的动态化管理提高了社会治理效率。我国各级政府建立了各种电子服务平台。管理部门依靠这些政府平台，可以随时更新服务对象的信息，极大地提高了社会治理效率。民航、铁路等部门根据掌握的出行人员数据，快速上线新冠确诊患者行程查询系统，第一时间向旅客发送预警通知。各级地方政府利用电信运营商数据，进行人口流动大数据分析，对驻留、到访重点区域的人群进行流动分析和大数据画像，为有关部门做好疫情防控、复工复产提供了决策支撑。

第二，降低与服务对象接触的风险。在新冠病毒流行的情况下，政府社会管理部门可以利用数字化技术实现管理者与被管理者无接触式服务，降低与服务对象接触的风险。新冠病毒具有很强的传播能力，各类互联网平台充分发挥其自主化配置社会资源的优势，与政府部门联手共治，以线上平台服务保障居民开启“无聚集”“少接触”的新生活方式。

第三，社会治理全方位数字化能够降低社会治理成本。社会治理数字化体现在社会治理服务全方位的数字化。公民可以无接触办理各类业务，管理部门可以实施线上监管，学校教师可以借助互联网开展线上教学。在日常生活实现数字化的同时，法院审案也在实施数字化改革。2017 年 8 月 18 日，我国设立了全球首家互联网法院——杭州互联网法院；2018 年 9 月，又先后增设北京互联网法院、广州互联网法院。设立互联网法院是互联网司法发展历程中的里程碑，开辟了互联网时代司法发展的全新路径，标志着我国司法探索实践的数字化转变。据统计，截至 2019 年 10 月 31 日，杭州、北京、广州的互联网法院共受理互联网案件 118764 件，审结 88401 件；在线立案申请率为 96.8%；全流程在线审结 80819 件；在线庭审平均用时 45 分钟，案件平均审理周期约 38 天，在时间上比传统审理模式分别节约 3/5 和 1/2，一审服判息诉率达 98%。全业务网上办理、全流程依法公开、全方位智能服务，这些技术应用和诉讼平台的完善，实质是智慧法院建设。

第四，社会治理数字化倒逼政府改革。在传统社会治理模式下，与政府部门相比，公民处于相对弱势一方，难以参与相关的管理与决策。公民去政府部门办事，门难进、脸难看、事难办也是经常发生的事，更有甚者还要忍受政府部门的冷漠、粗暴、无礼，官僚主义、形式主义时有发生，公民对此常常束手无策。在社会治理数字化时代，这些状况有较大改变，原因是社会治理数字化倒逼政府改革。在社会治理数字化时代，公民本身也是社会治理的重要力量。

四　社会治理数字化的未来趋势

通过目前的社会治理数字化的现状，我们可以大致预测未来的社会治理数字化发展的趋势。

一是信息发布更简便、更全面。随着信息技术的进一步发展，各种平台的建设更优化，特别是区块链技术的应用、AI 技术推广等，为未来发布各种信息带来了便利，且具有全面性，各级政府发布的信息更准确、更及时。

二是图片化。新技术的应用使各种平台发布的信息更及时且图文并茂，受众更乐于接受。可视化工具在政务治理中得到普遍应用。

三是社会治理决策科学化。未来的社会治理可能会面对更多的公共突发事件，如何科学决策、合理处置是非常重要的问题，政府可以依托大数据、人工智能等手段进行复杂预测分析，使社会治理的方法从经验向科学决策发展。

四是区域协调治理。由于我国存在大量流动人口，跨区域流动人口不断增长，人地分离现象普遍，区域协调治理问题十分突出。社会治理数字化使各级政府都建立了信息发布平台，各级政府政务平台发布的数据信息可以共享，有利于区域社会治理的协调。社会治理的组织方式从分散治理向标准协同发展，地域性的分散、差异化治理必然要向标准化的协同治理转变，为区域共治共管提供条件。

五是远程办公和远程指导处理公共突发事件成为一种新模式。疫情期间，联合国举行视频通报会。欧盟委员会除“关键职能”的所有工作人员开展远程办公，通过视频方式执行任务、举行会议等。日本政府警察厅之外的 13 个府省厅要求一定比例的总部职员错峰上班或居家办公。一些跨国公司也在推广远程办公。花王集团、索尼公司、微软公司等都实现了部分业务远程办公。腾讯公司推出腾讯会议系统后两个月，日活跃账户数就超过 1000 万。截至 2021 年 3 月 20 日，金山办公面向企业、政府、医疗机构、大中小学等共计免费发放超过400万个“云办公”账号，支持社会各界复工、复产、复学。

五 提升社会治理数字化水平

面对数字化的未来发展，我们还需要在下列方面进一步提升社会治理数字化水平。

一是数字素养培养。最新发布的全民阅读调查显示，24.8%的成年国民在电子书阅读器上阅读，较2018年的20.8%上升了4个百分点，上升幅度在各类数字化阅读载体中居首位。我国是全球第三大电子书阅读器消费市场，预计到2023年，我国电子书阅读器市场规模将突破85亿元。在数字技术推动下，网络阅读、手机阅读、电子书阅读器阅读、听书等阅读形式发展迅速，可视化阅读、沉浸式阅读更是让读书变得更加生动立体。随着我国阅读市场越来越细分，无论多么小众的阅读群体，都能找到适合自己的阅读方式。

在未来社会治理数字化发展过程中，为了让数字化在社会治理中发挥更大作用，提高数字素养非常重要。数字素养的概念在1997年由学者保罗·吉尔斯特（Paul Gilster）提出。他认为数字素养主要包括获取、理解与整合数字信息的能力，具体包括网络搜索、超文本阅读、数字信息批判与整合等技能，有效区分了数字素养与传统的印刷和读写能力。[①] 在新技术环境下，数字素养被看作在获取、理解、整合到评价、交流的整个过程中使用数字资源有效参与社会进程的能力。数字素养既包括对数字资源的接受能力，也包括对数字资源的给予能力。提升数字素养，无论是对个人还是对国家，都具有重要意义。对于个人而言，数字素养的高低影响着其对时代的适应能力，以及其在面对海量数字信息时能否有效获取信息、传递信息以及享受数字化社会带来的便利。对于国家而言，国民数字素养是

---

① Gilster P., *Digital Literacy*, New York: John Wiley & Son, 1997.

国民素养的一个重要组成部分，国民数字素养影响着一个国家国民的综合素质。美国21世纪技能合作组织提出的“21世纪的技能”将数字素养作为首要的一类素养加以强调。美国已经形成了一套多主体、多元化、全方位的培养体系。美国政府作为引导者和服务者，制定优惠的政策引导社会民众的数字素养培养，同时提供大量资金进行基础设施建设，为数字素养的培养打下了坚实的基础；教育机构作为主要的培养者，通过科学、系统的研究制定了一套合理、可行的标准，再通过多样化的课程体系加以推行；社会组织也在这一过程中发挥着举足轻重的作用，它们一方面是政策的建议者，另一方面又是独立的教育者，对政府和教育系统没有涉及的部分起到了积极的补充作用。与美国类似，欧洲也同样形成了政府、教育机构和社会力量三方共同发展的体系。欧洲各国政府扮演的主要是数字素养教育的引导者和框架制定者的角色；教育机构进行教育的方式不是直接设立数字素养课程体系，而是将数字素养教育融入各门课程之中；承担教育责任的社会力量，并非如同美国模式一样主要由智库等研究机构承担，而是主要由图书馆和图书馆协会负责培养。

二是完善数字化的法律体系。社会治理数字化发展必然涉及公民个人各种信息的采集，以及加强对公民隐私的保护，需要制定相应的法律。在社会治理数字化进程中，公民与政府在治理中的互动也需要法律进行规范。

三是政府平台的整合。随着社会经济的发展、技术的进步，我国各级政府都建立了门户网站及信息发布平台。这些政府信息发布平台方便了公众，但也给公众接收信息带来了困难和混乱，这就需要政府整合信息发布平台，使公众更精准地接收信息。社会治理涉及范围广，需要制度层面的顶层设计，优化政府业务流程，协调跨部门的事务，利用数字化手段整合公共服务，搭建一站式信息发布平台和服务平台，这都需要政府整合资源。

四是缩小数字鸿沟。根据联合国教科文组织统计研究所和国际电信联盟的最新调查数据，面对新冠疫情造成的停课，绝大多数国家正在使用数字化远程学习以确保教育连续性。我国网络普及率不断提高，网民数量不断增加，但我国仍然存在数字鸿沟，城乡之间、东西部之间数字鸿沟有扩大的趋势。在这次疫情中，媒体也有报道，西部地区还有些地方无法上网，学生不能参加网络课堂学习，这就是数字鸿沟的表现。我国要实现全面社会治理数字化，需要缩小地区之间的数字鸿沟，促使全国社会治理数字化均衡发展。

参考文献

1. 韩兆柱、李亚鹏：《网络化治理理论研究综述》，《上海行政学院学报》2016 年第 4 期。

2. 韩兆柱、李亚鹏：《数字化治理、网络化治理与网格化管理理论的比较研究》，《学习论坛》2017 年第 3 期。

3. Perry, Dinna Leat, Kimberly Seltzer and Gerry Stoker, *Towards Holistic Governance: The New Reform Agenda*, New York: Palgrave, 2002.

4. Patrick Dunleavy, *Digital Era Governance: IT Corporations, the State, and E - Government*, Oxford: Oxford University Press, 2006: 227.

5. 曼纽尔·卡特：《网络社会的崛起》（第 3 版），夏铸九、王志弘译，曹荣湘审校，社会科学文献出版社，2006。

6. 詹姆斯·N. 罗西瑙：《没有政府的治理》，张胜军译，江西人民出版社，2006。

7. 田凯、黄金：《国外治理理论研究：进程与争鸣》，《政治学研究》2015 年第 6 期。

8. 史蒂芬·戈德史密斯、威廉·埃格斯：《网络化治理》，孙迎春译，北京大学出版社，2008。

9. Foster I., Kesselman C., *The Grid: Blueprint for A New Computing Infrastructure*, Morgan Kaufmann Publishers, 1998.

10. 郑士源、徐辉、王浣尘：《网格及网格化管理综述》，《系统工程》2005 年第 3 期。

11. Gilster P., *Digital Literacy*, New York: John Wiley & Son, 1997.

国内外数字鸿沟研究

深圳大学传播学院　陈宇红

摘　要：中国的老龄化程度越来越高。互联网正渗透到生活的方方面面，但互联网医疗技术的发展却给老年人的健康生活带来了无法逾越的数字鸿沟。本文回顾了数字鸿沟的缘起及其本质，以及全球、城乡和代际三个层面的研究议题。数字鸿沟研究应多关注老年人这类弱势群体，国内老年数字鸿沟议题目前仍有较大的研究空间。国外数字鸿沟研究除了集中探讨接入沟、使用沟、知识沟这三道数字鸿沟及相关的三大研究议题，还拓展出了智能鸿沟、数字性别鸿沟和数字健康鸿沟等概念。其中，数字健康鸿沟研究主要聚焦互联网使用与健康的关系，以及数字健康鸿沟的影响因素。目前国内还没有数字健康鸿沟相关的研究，未来可以在健康传播中以数字鸿沟为理论视野对弱势群体加以研究。

关键词：数字鸿沟　鸿沟议题　老年数字鸿沟　数字健康鸿沟

一　引言

中共中央、国务院于2016年印发了《“健康中国2030”规划纲要》①，

① 《中共中央、国务院印发〈“健康中国2030”规划纲要〉》，中国政府网，2016年10月25日。

并于2018年提出要促进“互联网+医疗健康”的发展①。在新冠疫情的影响下，人们对在线医疗的需求不断增长，中国互联网络信息中心（CNNIC）在2020年上半年发布的《中国互联网络发展状况统计报告》中也首次加入了在线医疗板块。报告指出，截至2020年6月，我国在线医疗用户规模达2.76亿人，占网民总体的29.4%。② 2020年6月底，全国审批设立互联网医院近600家③；短短4个月后，全国又增加了300家互联网医院④；互联网医疗发展势头强劲。在互联网医院出现后，挂号、问诊、健康咨询、购买处方药这些以往只能面对面才能完成的行为，均可以远程实现，同时人们的健康行为逐渐数据化、数字化。

与此同时，中国的老龄化程度越来越高。2010年第六次全国人口普查数据显示，我国60岁及以上的老年人占全国人口的13.26%（约1.78亿人）。⑤ 2019年底，我国60岁及以上老年人口约有2.54亿⑥；据民政部预测，2021~2025年，我国老年人口将突破3亿，我国将从轻度老龄化迈入中度老龄化⑦。

据世界卫生组织2016年发布的《中国老龄化与健康国家评估报告》，中国的疾病总负担约有33%是60岁及以上老年人的健康问题。⑧ 然而，虽然中老年人是出现健康问题较多的群体，互联网医疗技术发展起来时关照的首要群体却不是他们。就诊前需在线预约挂号、扫码支付

① 《国务院办公厅关于促进“互联网+医疗健康”发展的意见》，中国政府网，2018年4月25日。

② 《CNNIC发布第46次〈中国互联网络发展状况统计报告〉》，中国国家互联网信息办公室网站，2020年9月29日。

③ 《全国已审批设立互联网医院近600家》，新华网，2020年7月20日。

④ 《目前中国有900家互联网医院，远程医疗覆盖2.4万余家医疗机构》，中国新闻网，2020年10月28日。

⑤ 《2010年第六次全国人口普查主要数据公报》，中国政府网，2011年4月28日。

⑥ 《2019年我国65岁以上老年人口约2.54亿，新增945万》，《南方都市报》2020年1月17日。

⑦ 《“十四五”期间全国老年人口将突破3亿 将从轻度老龄化迈入中度老龄化》，《人民日报》2020年10月24日。

⑧ 世界卫生组织：《中国老龄化与健康国家评估报告》，2016年6月15日。

才能取号买药等，这些都是老年人就医时需要克服的难题，“智能化、数字化让社会运转更加高效，也给众多老年人带来一道难以逾越的‘数字鸿沟’”[①]。在此背景下，或许应回到数字鸿沟这一理论视野，对我国老年人的互联网使用与互联网健康、互联网医疗进行研究与讨论。

二 数字鸿沟研究现状

（一）国内数字鸿沟研究现状

数字鸿沟（digital divide）这一概念源自 1970 年美国明尼苏达大学的明尼苏达小组在《大众传播流动和知识差别的增长》一文中提出的知识沟（knowledge gap）假设[②]，1995 年美国政府发布报告《在网络中落伍：定义数字鸿沟》，使得该术语流行起来[③]。数字鸿沟的概念还被用于描述信息富人和信息穷人在计算机占有率上的差距[④]。

数字鸿沟一直以来都是国内外的热门研究话题。从 2020 年 11 月 30 日的搜索结果来看，中国知网上以“数字鸿沟”为主题的中文论文有 3288 篇，而外文论文更是高达 1.1 万余篇。国内对数字鸿沟这一主题关注最多的学科是信息经济学和新闻与传播学。从论文发表数量的年度分布来看，信息经济学领域在 2001 ~2004 年对数字鸿沟的关注度最高，但自 2004 年以来，除了 2009 年出现小高峰，该领域对数字鸿沟相关主题的论文发表数量整体呈下降趋势；从近两年的论文发表数量来看，该领域正在重新关注这一议题。相反，新闻与传

---

① 《支付难、看病难、孤独感加剧——谁帮老人迈过“数字鸿沟”?》，《人民日报》（海外版），2020 年 9 月 21 日。

② Tichenor, P. J., Donohue, “G. A. & Olien, C. N., Mass Media Flow and Differential Growth in Knowledge,” *The Public Opinion Quarterly*, 1970, 34 (2).

③ 韦路、张明新：《第三道数字鸿沟：互联网上的知识沟》，《新闻与传播研究》2006 年第 4 期。

④ Arquette, T. J., “Assessing the digital divide: Empirical analysis of a meta - analytic framework for assessing the current state of information and communication system development,” Unpublished draft dated on September 15, Department of Communication Studies, Northwestern University, 2001.

播学领域自2002年以来对数字鸿沟的关注便一直呈上升趋势，2015年论文发表量达50篇，后续关注度稍降，在2019年再次回升。从研究内容来看，信息经济学领域更关注数字经济[①]、信息化建设[②]和中西部地区数字鸿沟[③]问题，包括对我国城乡数字鸿沟的现状与对策的研究[④]、数字鸿沟与贫困问题的研究[⑤]等。新闻传播学领域则倾向于将数字鸿沟与新媒体联系起来讨论，关注信息公平与信息分化[⑥][⑦]、知识沟[⑧]、数字鸿沟的影响因素[⑨]等议题。

两个学科关注的内容重点不一致恰恰是因为学界对数字鸿沟的本质持有不同的观点，最重要的三个观点分别认为数字鸿沟的本质是经济鸿沟、知识鸿沟和技术鸿沟[⑩]。2002年，世界电信联盟发布的《2002年世界电信发展报告》对世界电信发展基本情况进行统计，分析了世界各国人均GDP与互联网普及率的关系，明确指出数字鸿沟是经济鸿沟。[⑪] 王青华和陈棣的研究发现，我国网络发展综合水平与经济水平高度正相关，数字鸿沟是经济鸿沟的结果，数字鸿沟也会加深经济鸿沟。[⑫] 至于知识鸿沟，数字鸿沟这一概念最早便是源于知识沟假设。早在2002年，戴维民便提到数字鸿

① 康建强、唐曙南：《弥合数字鸿沟 发展数字经济》，《情报杂志》2002年第7期。

② 刘文云、邓尚民：《从“数字鸿沟”看我国的信息化建设》，《情报杂志》2004年第1期。

③ 黄少华、韩瑞霞：《全球化背景下：中国东西部地区的数字鸿沟》，《兰州大学学报》2004年第2期。

④ 韩路宾、江娜：《浅析我国城乡数字鸿沟的成因、影响及对策》，《中国集体经济》2012年第21期。

⑤ 茶洪旺、胡江华：《中国数字鸿沟与贫困问题研究》，《北京邮电大学学报》（社会科学版）2012年第1期。

⑥ 唐曙南：《弥合数字鸿沟，保障信息公平——论高校图书馆读者服务》，《现代情报》2008年第6期。

⑦ 邵培仁、彭思佳：《信息低保：构建信息公平社会的基本保障》，《现代传播》（中国传媒大学学报）2009年第5期。

⑧ 韦路：《从知识获取沟到知识生产沟——美国博客空间中的知识霸权》，《开放时代》2009年第8期。

⑨ 柯惠新、王锡苓：《亚太五国/地区数字鸿沟及其影响因素分析》，《现代传播》（中国传媒大学学报）2005年第4期。

⑩ 薛伟贤、刘骏：《数字鸿沟的本质解析》，《情报理论与实践》2010年第12期。

⑪ 世界电信联盟：《2002年世界电信发展报告》，《邮电经济》2003年第2期。

⑫ 王青华、陈棣：《我国互联网发展水平的地区差异分析——兼析数字鸿沟与经济鸿沟的数量关系》，《统计教育》2006年第4期。

沟“实际上就是网络社会的知识沟现象”[①]。在国内外大量研究聚焦于数字鸿沟的第一道鸿沟“接入沟”（access）和第二道鸿沟“使用沟”（use）层面时，2005 年韦路在美国中西部舆论研究年会上正式提出互联网知识沟是第三道数字鸿沟[②]；在后来的研究中，韦路从知识获取、知识生产等角度对知识鸿沟进行了细化[③]。至于数字鸿沟的技术鸿沟本质，胡鞍钢和周绍杰提出以互联网为代表的新兴信息通信技术在普及和应用上的不平衡是数字鸿沟的本质[④]。不同组织对数字鸿沟的定义也可以看出其技术本质，如经济合作与发展组织（OECD）将数字鸿沟定义为不同社会经济水平的个人或家庭在信息通信技术获取上的差异。国际电信联盟认为数字鸿沟是由于贫穷、教育设施中缺乏现代化技术以及由于文盲而形成的贫穷国家与富裕发达国家之间、城乡之间以及年轻一代与老一代之间在获取信息通信新技术方面的不平等。

国际电信联盟对数字鸿沟的界定不仅凸显了数字鸿沟的技术本质，还包含了全球数字鸿沟、城乡数字鸿沟、代际数字鸿沟这三大研究议题。全球数字鸿沟可能加大国际贫富差距，导致个别国家的数字霸权。[⑤] 但是，韦路和谢点分析了 1990～2010 年世界银行等组织的数据后发现，全球数字鸿沟正在逐渐缩小。[⑥] 城乡数字鸿沟研究关注我国城市化进程[⑦][⑧]、信息扶贫[⑨]等

---

① 戴维民：《从“知识沟”到“数字鸿沟”——网络社会的信息差距》，《信息管理导刊》2002 年第 6 期。

② 韦路、张明新：《第三道数字鸿沟：互联网上的知识沟》，《新闻与传播研究》2006 年第 4 期。

③ 韦路：《从知识获取沟到知识生产沟——美国博客空间中的知识霸权》，《开放时代》2009 年第 8 期。

④ 胡鞍钢、周绍杰：《新的全球贫富差距：日益扩大的“数字鸿沟”》，《中国社会科学》2002 年第 3 期。

⑤ 熊光清：《经济全球化进程中的国际数字鸿沟问题：现状、成因和影响》，《国际论坛》2009 年第 3 期。

⑥ 韦路、谢点：《全球数字鸿沟变迁及其影响因素研究——基于 1990～2010 世界宏观数据的实证分析》，《新闻与传播研究》2015 年第 9 期。

⑦ 薛伟贤、刘骏：《中国城乡数字鸿沟对城市化进程的阻尼测度研究》，《软科学》2014 年第 1 期。

⑧ 韩圣龙、魏琴、张艺山、李梅：《贵州省城乡数字鸿沟及其对城市化进程影响研究》，《图书情报工作》2017 年第 16 期。

⑨ 胡桂英、陈诚文：《城乡数字鸿沟与农村信息扶贫》，《重庆教育学院学报》2007 年第 1 期。

与缩小城乡差距相关的社会议题。汪明峰从空间层面考察，提出城乡鸿沟可能加剧中国社会空间的分离和破碎化。[①] 周裕琼将代际数字鸿沟概念化为数字代沟，并将数字代沟与文化反哺联系起来讨论[②]，提出数字反哺或许是缩小代际间数字鸿沟的有效方式。

不管是全球数字鸿沟、城乡数字鸿沟还是代际数字鸿沟，处于弱势一方的群体，如经济发展落后的国家、信息化建设有待提高的乡镇地区、缺少互联网知识与技能的老年人等更应受到研究者的关注。对于老年群体，国内学者在数字鸿沟视野下探究了老年群体对新媒体的采纳与使用[③]，互联网使用障碍[④]，互联网使用与自评健康的关系[⑤]，老龄化数字鸿沟的现状[⑥]、影响因素、形成过程[⑦]及对策[⑧]等。

在新媒体背景下，学者也从素养沟[⑨]、互联网投入沟[⑩]、内容沟[⑪]等对媒介的接入和使用所导致的差异进行了不同层面的实证探讨[⑫]，这些研

---

① 汪明峰：《互联网使用与中国城市化——“数字鸿沟”的空间层面》，《社会学研究》2005 年第 6 期。

② 周裕琼：《数字代沟与文化反哺：对家庭内“静悄悄的革命”的量化考察》，《现代传播》（中国传媒大学学报）2014 年第 2 期。

③ 陈雅雪：《数字鸿沟视角下老年群体微信的采纳与使用研究》，硕士学位论文，深圳大学，2017。

④ 韦大伟：《数字鸿沟视角下的中国老年人互联网使用障碍研究》，硕士学位论文，武汉纺织大学，2012。

⑤ 程云飞、李姝、熊晓晓、陈功：《“数字鸿沟”与老年人自评健康——以北京市为例》，《老龄科学研究》2018 年第 3 期。

⑥ 程瀛：《老年人与数字鸿沟：背景、现状与影响——对“老年人与互联网”的新闻报道内容的分析》，《新媒体与社会》2012 年第 3 期。

⑦ 徐越、韵卓敏、王婧媛、景荣杰、黄黎明、沈勤：《智能化背景下，老年人数字鸿沟的影响因素及其形成过程分析》，《智能计算机与应用》2020 年第 2 期。

⑧ 何铨、张湘笛：《老年人数字鸿沟的影响因素及社会融合策略》，《浙江工业大学学报》（社会科学版）2017 年第 4 期。

⑨ 周裕琼、林枫：《数字代沟的概念化与操作化：基于全国家庭祖孙三代问卷调查的初次尝试》，《国际新闻界》2018 年第 9 期。

⑩ 冯剑侠、李兴睿：《数字鸿沟：我国少数民族妇女与汉族妇女互联网使用的差异分析》，《民族学刊》2017 年第 4 期。

⑪ 杨洸、佘佳玲：《算法新闻用户的数字鸿沟：表现及影响》，《现代传播》（中国传媒大学学报）2020 年第 4 期。

⑫ 冯剑侠、李兴睿：《数字鸿沟：我国少数民族妇女与汉族妇女互联网使用的差异分析》，《民族学刊》2017 年第 4 期。

究并未脱离数字鸿沟的技术本质。国内的数字鸿沟研究在研究方法取向上基本都选择了量化的实证研究，更倾向于讨论某一鸿沟是否存在，数字鸿沟到底是缩小了还是扩大了，忽视了中老年群体中数字媒体使用和数字技能的个体差异在鸿沟弥合或扩大过程中的作用。

（二）国外数字鸿沟研究概况

国外数字鸿沟研究一开始集中于研究第一道数字鸿沟——接入沟，即谁有机会使用信息通信技术，随后研究重点转到了信息通信技术的获取技能和使用上。Van Deursen 和 Van Dijk 的研究证实了互联网接入的数字鸿沟已演变成包括互联网使用技能在内的鸿沟。[①] 也有学者指出，数字鸿沟研究需要将重点从互联网接入、互联网技能与使用转移到第三级数字鸿沟上，应该更多关注互联网使用的有形成果。

在如何测量数字鸿沟上，Neil Selwyn 围绕什么是信息通信技术（ICT）、什么是接入、接入 ICT 与使用 ICT 间的关系、缺乏对使用 ICT 后果的考虑进行了概念化，整合出了数字鸿沟分层模型，并发现经济、文化和社会资本因素在塑造个人接触 ICT 上的中介作用。[②] Nicoletta Corrocher 和 Andrea Ordanini 提出了一种测量国家或地理区域内数字鸿沟的模型：从基本指标出发，将其分成数字化的六组因素，再将这些因素聚合成数字化综合指标。[③]

Cynthia Ching 对于学生群体的研究发现，家庭收入较高，使用计算机较早的男性学生的科技使用水平显著高于其他人口统计群体。[④] 来自农村

---

① Van Deursen A., Van Dijk J., "Internet Skills and the Digital Divide," *New Media & Society*, 2011, 13 (6): 893 – 911.

② Selwyn, N., "Reconsidering Political and Popular Understandings of the Digital Divide, *New Media & Society*," 2004, 6 (3): 341 – 362.

③ Corrocher N., Ordanini A., "Measuring the digital divide: A Framework for the Analysis of Cross – country Differences," *Journal of Information Technology*, 2002, 17 (1): 9 – 19.

④ Ching, C., "The Legacy of the Digital Divide," *Urban Education*, 2005, 40 (4): 394 – 411.

和工人阶级家庭的学生，尤其是少数族裔，将无法与全球更富有、受教育程度更高、接触技术更早的同龄人竞争。[①] 一项对学术与互联网使用差异的研究发现，不同因素构成了学生进入互联网使用途径的结构，比如家庭访问环境，独立学校和天主教学校的学生相较于远程、访问环境较差的学生更可能是重度学术用户[②]。

多元性假说（the diversification hypothesis）认为，弱势青年群体使用互联网是一种补偿性使用。[③] Milioni、Doudaki 和 Demertzis 的研究也发现较弱势的社区更多地参与在线表达、交往和学习，这表明了反向数字鸿沟（reverse digital divide）存在的可能。[④] 对荷兰人口的一项代表性调查发现，教育水平低的人和残疾人每天在业余时间使用互联网的时间比受过高等教育和有工作的人多。[⑤] 需要警惕的是，这些群体往往互联网使用技能不强、数字素养不高，这很可能抵消所谓的补偿性使用对数字鸿沟的缩小作用。

尽管有许多研究表明，群体之间的数字鸿沟已经缩小，尤其是年轻一代，但老年人的数字鸿沟仍不容忽视。Friemel 的研究发现，65 岁乃“灰色分水岭”，老年人群体内部的互联网使用沟仍然存在；同时该研究还发现家人朋友的鼓励是老年人使用互联网的强有力预测因素。[⑥] 互联网的使用不仅增加了知识，改善了家庭关系，还增强了老年人与社会的整体联系。[⑦] 不

① Garland V. E., Wotton S. E., “Bridging the Digital Divide in Public Schools,” *Journal of Educational Technology Systems*, 2002, 30 (2): 115 - 123.

② Smith J., Skrbis Z., Western M., “Beneath the ‘Digital Native’ Myth: Understanding Young Australians’ Online Time Use,” *Journal of Sociology*, 2013, 49 (1): 97 - 118.

③ Mesch G. S., “Minority Status and the Use of Computer - Mediated Communication: A Test of the Social Diversification Hypothesis,” *Communication Research*, 2012, 39 (3): 317 - 337.

④ Milioni D. L., Doudaki V., Demertzis N., “Youth, Ethnicity, and A ‘Reverse Digital Divide’. A Study of Internet Use in a Divided Country,” *Convergence the International Journal of Research Into New Media Technologies*, 2015, 20 (3): 316 - 336.

⑤ Van Deursen A., Van Dijk J., “The Digital Divide Shifts to Differences in Usage,” *New Media & Society*, 2013, 16 (3): 507 - 526.

⑥ Friemel T. N., “The Digital Divide Has Grown Old: Determinants of a Digital Divide Among Seniors,” *New Media & Society*, 2014, 18 (2): págs. 313 - 331.

⑦ Delello J. A., “Mcwhorter R. R., Reducing the Digital Divide: Connecting Older Adults to iPad Technology,” *J Appl Gerontol*, 2017, 36 (1): 3 - 28.

过，将所有老年人视为同质群体，如恐惧技术、数字文盲[①]等，忽略了他们在数字技能和媒体使用、社会经济因素以及个人背景等方面的差异[②]，这些都是老年数字鸿沟研究中普遍存在的问题。

国外有关全球数字鸿沟的研究内容比较广泛，比如 Rowena Cullen 研究了美国、英国、加拿大和新西兰的数字鸿沟，在国家层面寻找数字鸿沟的证据、评估造成鸿沟的因素和缩小鸿沟的策略。[③] Chun－Yao Huang 等基于 Bass 模型对 48 个国家进行实证研究后认为，文化、经济和教育因素是造成不同阶段全球数字鸿沟的主要原因。[④] 在城乡数字鸿沟研究上，Hindman 通过对全国调查数据的分析发现，在大城市与非大城市人口之间，收入、年龄、受教育程度与使用信息技术这些因素要比地理位置（城乡）更重要[⑤]。算法资本主义增加了互联网用户数量，但它未能弥合数字鸿沟，尤其是城乡数字鸿沟。[⑥] 一项家庭生活民族志研究发现，父母和祖父母将自身定位为数字技能贫乏者，利用与孩子间的代际数字鸿沟获得与孩子共同玩耍的时间；在这种情况下，数字鸿沟成了有用的互动资源，而非问题。[⑦] 不过，现有的数字鸿沟研究假设存在对富人和穷人进行笼统的二分、将数字鸿沟正常化、对当地社区利益无异议等潜在的问题[⑧]，这些研究对数字

---

① Neves B. B.，Waycott J.，Malta S.，"Old and Afraid of New Communication Technologies? Recon Ceptualising and Contesting the 'Age－Based Digital Divide'，" *Journal of Sociology*，2018：144078331876611.

② Quan－Haase A.，Williams C.，Kicevski M.，et al.，"Dividing the Grey Divide：Deconstructing Myths About Older Adults' Online Activities，Skills，and Attitudes，" *American Behavioral entist*，2018，62（4）.

③ Cullen R.，"Addressing the Digital Divide，" *Online Information Review*，2001.

④ Chun－Yao，Huang，Hau－Ning，et al.，"Global Digital Divide：A Dynamic Analysis Based on the Bass Model，" *Journal of Public Policy & Marketing*，2010，29（2）：248－264.

⑤ Hindman，D. B.，"The Rural－Urban Digital Divide，" *Journalism & Mass Communication Quarterly*，2000，77（3）：549－560.

⑥ Karar H.，"Algorithmic Capitalism and the Digital Divide in Sub－Saharan Africa，" *Journal of Developing Societies*，2019，35.

⑦ Aarsand P. A.，"Computer and Video Games in Family Life The Digital Divide as a Resource in Inter Generational Interactions，" *Childhood*，2007，14（2）：235－256.

⑧ Ganesh S.，Barber K. F.，"The Silent Community：Organizing Zones in the Digital Divide，" *Human Relations*，2009.

鸿沟问题的讨论很大程度上局限于社会人口和社会经济等决定因素[①]。

国外数字鸿沟的研究除了讨论互联网的接入、使用与结果，讨论全球数字鸿沟、城乡数字鸿沟或代际数字鸿沟，还对数字鸿沟进行了拓展。比如，韩国学者 Lee 就通过对智能设备采用的实证研究发现了智能鸿沟的存在及其构成因素；这种由智能设备使用所产生的数字鸿沟不仅受性别、经济等外部因素影响，而且受不同智能设备读写能力等差异的影响，最终造就了这种不断演变、交叉存在的鸿沟。[②] 有学者对约旦的数字性别鸿沟进行研究发现，约旦社会中即使是受过大学教育的男性也对允许女性平等地使用互联网和计算机感到不安；不过，这一点与当地文化习俗有关。[③] 正如 Van Deursen 所言，当互联网成熟时，它将越来越多地反映现实世界的社会、经济和文化关系，包括其中的不平等。[④]

（三）国内外健康传播领域中的数字鸿沟研究

国外对健康传播中的数字鸿沟研究比较丰富。早在 2004 年，国外便有研究发现数字鸿沟中的年龄、收入和教育程度等关键因素可以用于区别线上和线下的健康信息搜寻者[⑤]。后来，有学者直接将问题瞄准了健康传播中的数字鸿沟问题。Hall 等学者将人们在获取和使用健康信息技术（health information technology，HIT）上的差距称为数字健康鸿沟。[⑥] 数字

---

① Scheerder A.，Deursen A. V.，Dijk J. V.，"Determinants of Internet Skills，Uses and Outcomes. A Systematic Review of the Second – and Third – Level Digital Divide，" *Telematics and Informatics*，2017.

② Lee，S.，"Smart Divide：Paradigm Shift in Digital Divide in South Korea，" *Journal of Librarianship & Information ence*，2014：0961000614558079.

③ Abu – Shanab E.，Al – Jamal N.，"Exploring the Gender Digital Divide in Jordan，" *Gender Technology & Development*，2015，19（1）：91 – 113.

④ Van Deursen A.，Van Dijk J.，"The Digital Divide Shifts to Differences in Usage，" *New Media & Society*，2013，16（3）：507 – 526.

⑤ Shelia，R. C.，Sipi，S. G.，"Characteristics of Online and Offline Health Information Seekers and Factors that Discriminate Between Them，" *Social Science & Medicine*，2004，59（9）.

⑥ Hall，A. K.，Bernhardt，J. M.，et al.，"The Digital Health Divide：Evaluating Online Health Information Access and Use Among Older Adults，" *Health education & behavior*，2015，42（2）.

健康鸿沟的研究焦点之一是互联网使用与健康的关系。Hall 的研究发现，使用互联网获取健康信息的老年人会更积极地参与医疗决策。[①] 其他学者则发现，经常使用互联网的退伍军人自评健康状况更良好[②]；使用在线健康管理网站与就诊次数呈正相关关系[③]；在多层次的社会心理联系下，互联网使用与老年人心理健康状况呈正相关关系[④]。数字健康鸿沟的另一个研究焦点是探究什么因素可以通过影响互联网使用而造成人与人之间的健康差异。美国学者对不同年份的国家健康信息趋势调查（Health Information National Trends，HINT）数据进行分析发现，尽管在性别、种族、城乡居住地和健康状况方面数字健康鸿沟已经缩小，但年龄、受教育程度和收入仍然是数字鸿沟的持久预测因素。[⑤] 不同受教育水平、社会经济地位和财富指数的人在互联网健康信息搜寻上存在若干差距。[⑥] 患者在互联网上获取所需健康信息的能力存在显著差异，这是健康信息技术使用中最重要的问题之一[⑦]，缺乏高质量健康信息的获取途径也可能会加大数字健康鸿沟。[⑧]

---

① Hall，A. K.，Bernhardt，J. M.，et al.，"The Digital Health Divide：Evaluating Online Health Information Access and Use Among Older Adults，" *Health education & behavior*，2015，42（2）.

② Swed，Ori.，Sheehan，C. M. & Butler，J. S.，"The Digital Divide and Veterans' Health：Differences in Self – Reported Health by Internet Usage，" *Armed Forces & Society*，2020，46（2）.

③ Liu D.，Yamashita T. & etal.，"The Use of Online Health – Management Tools and Health Care Utilization among Older Americans，" *The Gerontologist*，2020. 60（7）.

④ Bora，J.，Junghwan，K.，& Lisa，"M. B.，Informal Learning of Older Adults in Using Mobile Devices：A Review of the Literature，" *Adult Education Quarterly*，2019，69（2）.

⑤ Hong，Y. A. &Cho，J.，"Has the Digital Health Divide Widened? Trends of Health – Related Internet Use Among Older Adults from 2003 to 2011，" *The journals of gerontology. Series B*，*Psychological Sciences and Social Sciences*，2017，72（5）.

⑥ Christian，D. L. C. &Marlen，M. D.，"Factors Related to Internet Adoption and Its Use to Seek Health Information in Mexico，" *Health communication*，2020.

⑦ Shadadeh，F.，Samadbeik，M.，& Hajipourtalebi，Ali.，"The Digital Gap in Patients' Use of Health Information Technology and Effective Factors and Strategies：a Systematic Review，" *Health Research Journal*，2019，（4）. 181 – 188.

⑧ Hesse，B. W.，Moser，R. P.，et al.，"The Health Information National Trends Survey：Research From the Baseline，" *Journal of Health Communication*，2006. 11（sup001）：p. vii – xvi.

至于数字健康鸿沟到底是在扩大还是缩小，国外研究呈现了不同的结果。由于老年人无法接受或不愿使用移动健康（mobile health）技术管理疾病，移动健康数字鸿沟不断扩大。[①] 有学者对不同年份的国家健康信息趋势调查（HINT）的数据进行分析发现，与健康相关的互联网使用（Health - Related Internet Use，HRIU）人数在增加，数字鸿沟正在缩小，只是不同群体的与健康相关的互联网使用仍存在显著差异。[②]

中国无论是医疗卫生技术的发展还是健康传播的发展，都晚于西方国家，因此健康传播领域中以数字鸿沟为理论视角进行的研究还很少。在有关数字健康鸿沟影响因素的研究中，周裕琼等人将互联网时代背景下代际数字健康鸿沟概念化为“健康代沟”，并通过研究发现文化水平越高，家庭内部的健康代沟越小；而且数字代沟与健康代沟之间呈显著正相关关系。[③] 韩婷发现农村女性在网络健康信息获取和使用上存在数字代沟，农村社区健康传播在接入沟层次存在地域差异。[④] 李凤萍将互联网接入度与互联网投入度作为受教育程度对癌症知沟影响的调节变量，发现互联网投入度与癌症知沟具有正相关关系。[⑤] 在互联网使用与健康的关系研究中，刘瑛的研究表明，健康相关的互联网使用会对个体健康行为产生影响[⑥]；程云飞等人研究发现社会经济状况仅能部分解释经常使用互联网对老年人自评健康水平的提升作用。[⑦] 汪连杰分析 2013 年中国

① Fox，G.，Connolly，R.，“Mobile Health Technology Adoption Across Generations：Narrowing the Digital Divide，” *Information Systems Journal*，2018，28（6）.

② Hong，Y. A. &Cho，J.，“Has the Digital Health Divide Widened? Trends of Health - Related Internet Use Among Older Adults From 2003 to 2011，” *The Journals of Gerontology. Series B，Psychological Sciences and Social Sciences*，2017，72（5）.

③ 周裕琼、杨洸、许广梅：《新冠疫情中的数字代沟与健康代沟——基于 2018 年与 2020 年中国家庭祖孙三代的问卷调查》，《新闻与写作》2020 年第 10 期。

④ 韩婷：《我国农村已婚女性健康传播数字鸿沟研究》，硕士学位论文，兰州大学，2020。

⑤ 李凤萍：《数字鸿沟对癌症知沟的影响研究——基于北京、合肥癌症与健康信息调查的分析》，《国际新闻界》2019 年第 7 期。

⑥ 刘瑛：《互联网使用对个体健康行为的影响研究》，博士学位论文，华中科技大学，2011。

⑦ 程云飞、李姝、熊晓晓、陈功：《“数字鸿沟”与老年人自评健康——以北京市为例》，《老龄科学研究》2018 年第 3 期。

综合社会调查（CGSS）的调研数据后发现，互联网使用能明显提升老年人的身心健康，互联网使用的差异使得影响老年人身心健康的机制亦存在巨大差异。[①] 基于武汉三家医院门诊和病历数据的研究发现，健康信息技术对农村群体、偏远地区患者和严重疾病患者的健康有积极影响，能够改善健康公平。[②]

我们引入社会阶层概念来研究数字鸿沟，它指的是“社会各阶层之间在使用互联网上的区别”[③]，是社会分化、社会排斥等传统两极化问题在数字时代的延续[④]，它在本质上是一种不平等[⑤]。因此，所谓数字健康鸿沟，不仅包括健康信息技术采纳与使用上的差异，背后还暗含了健康不平等这一议题。数字鸿沟应该是超越数字领域的，将对数字鸿沟的研究扩展到数字化世界中的不均衡现象。[⑥] 中老年人在新媒体采纳与使用上处于劣势[⑦]，研究者更应予以关注。当前国内数字鸿沟相关研究对弱势群体的观照较少，而在健康传播领域中以数字鸿沟为理论视角对弱势群体进行的研究更是少之又少，这是未来研究中可以努力的方向。

---

① 汪连杰：《互联网使用对老年人身心健康的影响机制研究——基于 CGSS（2013）数据的实证分析》，《现代经济探讨》2018 年第 4 期。

② Ye, Q., Deng, Z. H., et al., “Using Electronic Health Records Data to Evaluate the Impact of Information Technology on Improving Health Equity: Evidence from China,” *Journal of Medical Systems*, 2019, 43 (6).

③ 金兼斌：《数字鸿沟的概念辨析》，《新闻与传播研究》2003 年第 1 期。

④ 闫慧、孙立立：《1989 年以来国内外数字鸿沟研究回顾：内涵、表现维度及影响因素综述》，《中国图书馆学报》2012 年第 5 期。

⑤ 杨嫚：《数字鸿沟界定及其政策选择——以美国为例》，《新闻与传播研究》2008 年第 6 期。

⑥ Yu L. Z., “Understanding Information Inequality: Making Sense of the Literature of the Information and Digital Divides,” *Journal of Librarianship and Information Science*, 2006, 38 (4).

⑦ 周裕琼：《数字弱势群体的崛起：老年人微信采纳与使用影响因素研究》，《新闻与传播研究》2018 年第 7 期。

论金融科技风险类别与监管政策

——以 P2P 网贷发展为例

深圳大学传播学院　马春辉

摘　要： 我国的金融科技创新以 P2P 为代表，经历了混乱发展阶段、整顿阶段、规范发展阶段，并且在混乱发展阶段给我国民间资本市场带来较大的冲击。本文研究了金融科技创新的应用领域及状况，分析了金融科技创新中产生金融风险的原因和风险类别，最后提出针对金融科技创新的监管政策措施。

关键词： 金融科技创新　金融风险　监管政策

一　金融科技创新带来的新问题

金融科技是随着科技创新发展起来的新兴金融业态，目前对这种新兴业态的各方面认识尚不足，监管还处于探索阶段，不论是中国还是其他发达国家，金融科技监管还没有比较成熟的成功经验可以借鉴。2017 年，我国金融科技企业的营收总规模达 6541.4 亿元。2018 年上半年，全球至少发生 569 笔金融科技投融资事件，其中 2018 年 2 月仅有 44 笔，6 月达到了 2016 年以来的峰值，有 133 笔；融资总额约为 2760 亿元；C 轮以上的投融资达 64 笔。2018 年中国金融科技融资事件 329 笔，占全球一半以上；融资总额约为 2300 亿元，占全球的 83.3%，紧随其后的是美国和印度，中美印三国的融资金额占全球融资总额的94.8%。

近年来，非法集资涉案由传统领域向新兴行业和民生领域蔓延。从业态看，由P2P、线下理财公司扩大到交易平台、虚拟币、私募股权基金等领域；从行业类型看，已蔓延到教育、养老、旅游、文化等民生领域。

2018年8月末，网贷天眼、网贷之家、第一网贷和零壹财经4家监测机构统计的在营平台数量分别为1875家、1595家、1675家和1487家。截至2018年10月底，问题平台约有1266.83亿元的待还余额未偿还，涉及102.82万名投资人和107.89万名借款人。第一网贷报告显示，截至2018年11月底，全国基本正常的平台有1367家，主动关闭、提现困难、失联"跑路"的问题平台累计4190家，2018年11月当月新增问题平台94家，环比增加28家，上升42.42%；同比增加23家，上升32.39%。另外，未纳入指数而作为观察对象的P2P网贷平台为2127家。三者合计共7684家P2P网贷平台。截至2018年11月底，中国P2P网贷指数样本1451家，涉及31个省、区、市，拥有平台数量最多的省市是广东省（348家）、北京市（252家）、上海市（168家），这三个省市的768家P2P网贷平台占比超过了全国总数的52%。[①]

北京市朝阳区检察院2019年受理的非法集资审查起诉案件中涉案金额过亿元的就有84件，占比18%。其中，涉案金额超过5亿元的15件，超过10亿元的7件，超过100亿元的2件。[②] 截至2019年5月末，网贷天眼、网贷之家、第一网贷和零壹财经统计的在营平台数量分别为1127家、914家、890家和879家。截至2020年3月31日，全国实际还在运营的网贷机构为139家，比2019年初下降86%，借贷余额下降75%，出借人数下降80%，借款人数下降62%。机构数量、借贷规模及参与人数连续21个月下降。自整治工作开展以来，累计已有近5000家机构退出。网贷公司

① 《2018年11月份全国P2P网贷行业大数据》，搜狐网，2019年12月3日。
② 李万祥：《非法集资成重灾区》，《经济日报》2019年12月25日。

作为一种金融创新，在我国经历了野蛮生长和整治，到 2020 年 11 月底全部退出，研究这一类型的金融创新很有必要。

二　对金融科技的理解

根据金融稳定理事会（FSB）的定义，金融科技主要是指由大数据、区块链、云计算、人工智能等新兴前沿技术带动，对金融市场以及金融服务业务供给产生重大影响的新兴业务模式、新技术应用、新产品服务等。不论是金融科技还是科技金融，金融是根本，科技仅是实现金融职能的手段，目的还是要实现金融的职能。我国的金融科技行业起步基本与世界发达国家同步，而且在某些方面走得比发达国家还快。从线上支付起步，已经覆盖支付、信贷、投资、保险、征信等业务，尤其是移动支付领域的发展领跑全球。互联网金融或金融科技应该接受更为严格的监管。无论是金融机构还是互联网企业，无论是叫数字金融、金融科技、Fintech，还是 Techfin，概念的游动不应影响我们对金融活动本质的判定。

人工智能、区块链、云计算、大数据等技术的兴起，深刻地改变了金融业态。金融科技在服务实体经济、促进普惠金融、提升金融风险管理水平、推进供给侧结构性改革等方面发挥了积极作用。

目前，我国金融科技主要应用了人工智能、区块链、云计算、大数据四项关键驱动技术，其中人工智能技术和大数据技术应用较为广泛。

人工智能技术在风险控制、投资顾问和客户服务等金融业务场景中已得到较多应用，计算机视觉、智能语音、自然语言处理等技术的应用发展相对较为成熟。

区块链技术在金融领域的应用尚处于起步阶段。当前区块链技术应用主要集中在各种虚拟货币交易和供应链融资方面的初步尝试。区块链在其他领域的应用还处于概念阶段。

云计算技术在金融领域的应用主要是使用公有云支持业务发展，典型应用场景包括 IT 运营管理、底层平台开放、交易量峰值分配、网络安全管理等。

大数据技术在金融领域的应用场景广泛，主要包括反欺诈、风险管理、评分定价、金融监管等。大数据处理和分析技术的应用发展较快，就目前应用技术分析，各国对于金融科技的应用主要还是在支付方面。

金融科技的关键技术应用，如大数据、人工智能、分布式技术（区块链、云计算）、安全技术（生物识别技术）等的应用还有赖于有关技术的突破。因此，我们现在讨论金融科技的监管，主要侧重于支付、融资等一些具体应用层面的监管。世界其他国家对金融科技的监管也主要体现为支付、融资方面的监管。

三　金融科技风险

对于金融科技风险，我们可以从三个层面来理解：一是科技创新风险；二是道德风险；三是项目投资评估的风险。

（一）科技创新风险

金融科技创新是一项不同于其他创新活动的科技创新应用，它把一项创新技术广泛应用于金融领域，而这一领域又是社会经济的神经中枢。因此，这种技术创新如果发生系统风险，将会给社会经济带来破坏和打击。完全依靠云存储也存在技术风险，一旦云服务器出现问题，造成数据丢失，将带来严重后果。长远来看，金融科技带来的金融业态变化、大量使用金融科技的新机构对现有金融行业的冲击，都会引发行业震荡颠覆，造成稳定性风险。各国对这一项创新技术的应用都持保守态度。发达国家金融服务的科技水平本来领先于发展中国家，在现有的金融科技应用方面，发达国家却落后于发展中国家。中国的金融科技应用在世界上处于领先地位，紧随其后的是印度。

（二）道德风险

金融本身是一个特殊行业，特别是在现代社会，由于信息的发展，信息不对称更为严重，代理一方对信息的控制优于委托一方，这就导致了道德风险的产生。道德风险还表现在大数据时代监管方与被监管方的道德风险。这种道德风险在于监管方无法第一时间接触被监管方的信息，这就可能导致被监管方数据造假等不道德现象发生。

当前我国最大的金融科技风险项目是 P2P 平台。P2P 平台投资者的损失大多是运营商的道德风险造成的损失。我国在 2013 年已出现一些成立较早的 P2P 平台，而 P2P 金融出现的问题也早在 2014 年就已经凸显出来。2014 年新增问题平台 273 家，比 2013 年增长了 3 倍，涉及约 5 万名投资人、超 100 亿元资金。

金融科技的风险是与生俱来的，我们不能被创新的面纱蒙住了双眼而忽视它。P2P 是普惠金融创新的方式之一，但不可否认，这种缺少监管的创新给社会带来了阵痛。全国比较有典型意义的这一类型的金融创新案例有泛亚有色、E 租宝、中普系、股市 HOMS 配资等公司。这些案例在很大程度上可以归为典型的道德风险案例。2019 年上半年，全国新立非法集资案件 2978 起，同比上升 18.5%；涉案金额 2204.5 亿元，同比增长 128.8%。[①]

（三）项目投资评估的风险

任何金融技术创新都有两个目的：一是提高社会金融运营效率，降低交易成本；二是经过交易产生利益。第二个目的涉及投资收益及投资项目的评估。在一定时期内，全社会投资回报率高的项目是有限的，要确保投资好的项目就要有好的项目评估方法及风险管控手段。中国目前的 P2P 与

① 《上半年新立非法集资案 2978 起，涉案金额 2204.5 亿元》，环球网，2019 年 8 月 30 日。

英美发达国家的 P2P 有一个很大区别，英美发达国家的 P2P 主要业务是针对个人借贷，而中国的 P2P 不仅针对个人借贷，更多是形成资金池，利用资金池寻找项目实施投资性质的风险贷款。除了道德风险和技术风险，贷款人的项目评估风险也非常重要。要降低项目评估风险，需要建立使借贷双方都公开透明的信息制度。在目前的实践中，我国还没有建立公开透明的信息制度。2017 年，中国互联网金融协会网站互联网金融统计监测系统数据接入的 119 家平台，有 34 家没有披露平台运营信息，占 28.57%；重大事项披露次数为 1 次的有 12 家，占 10.08%，披露 2 次的有 5 家，占 4.2%，披露 3 次的有 4 家，占 3.36%，高达 82.36% 的平台没有披露重大事项。投资者无法知道重大事项的进程和风险。

科技创新活动与成果不断增长，未来会带来各方面的影响，主管机构一定要加强监管。金融科技创新也不例外，也一定要加强监管。如果不对金融科技创新风险加以监管，整个社会都将因此面临很大的不确定性和风险。2020 年 10 月蚂蚁金服暂停上市，已经证明对金融属性的公司必须按金融原则监管。

四 监管政策措施

金融创新是一个不断发展的过程，有新的金融工具产生，一定要有新的监管方式。如果只有金融工具的创新，没有监管方式的创新，一定会产生很大的危机。2008 年源于美国次贷的全球性金融危机就是一个深刻教训。自 21 世纪诞生以来，金融科技在推动经济全球化的过程中发挥了积极作用，但同时也有消极作用。由于金融科技监管的漏洞，仅 2017 年全世界就损失了 8000 多亿美元，主要是网络安全造成的损失。当前互联网金融专项整治逐步深入，很多难题还有待解决，比如，如何进一步有效地发挥金融科技在推动金融服务升级、传统金融机构转型、建设普惠金融体系等方面的积极作用，如何有效应对金融科技发展过程中的风险跨界传染、技术依赖风险、放大金融顺周期性和监管套利等挑战。金融科技是金融与科技这两个社会最关注的产业相结合，因此金融监管问题也引起了金融监管机构的重视。巴塞尔银行监管委员会（BCBS）、国际证监会组织（IOSCO）以及国际保险监督官协会（IAIS）等国际机构也都在关注金融科技发展，而金融稳定理事会早在2016年3月就将金融科技纳入其议程。金融科技创新具有跨国性强的基本特点，国际性金融监管组织开展沟通，与其他国家监管部门在信息交换、政策融合、风险分析、业务监测、危机防范等方面展开协调合作，这都是当前国际金融机构监管的重点。普华永道对中国135家金融保险公司的调查显示，67%的受访者认为需要对金融科技进行适当的监管，尤其是要避免行业的野蛮发展和跨行业套利。持续严监管的环境有利于金融科技领域的规范经营、降低风险。金融科技风险监管需要上升到国家安全和社会稳定长治久安的高度，需要国家层面的政策制度设计。

（一）建立风险预评估机制

一项新技术，特别是涉及全社会和国家安全方面的技术创新，在大范围推广之前需要进行风险评估。金融科技创新的应用，可以区别不同应用层级。简单的支付业务等已经成熟，可以大范围推广应用，降低金融服务的交易成本，提高全社会金融服务效率。区块链是未来金融科技创新热点，但很多业内人士担心区块链金融科技创新存在不可预知的监管风险，且业务效果难以预测，缺少成功的案例和适用的金融产品。因此，对于区块链等高层级的应用，需要考量风险后，再实施业务创新。

（二）强化监管第一责任主管部门职责

金融科技创新应用涉及与金融业务相关的所有部门，如中国人民银行、银保监会、公安部、证监会等各部门，没有统一的管理机构，要取得准确的统计数据非常困难。根据中国互联网金融协会网站互联网金融统计监测系统数据报送情况，截至2018年11月15日，200家平台中有25家完全没有报送数据，9家报送数据不全，分别占12.5%和4.5%，累计达17%。以网络借贷类机构推广接入情况和上传披露内容的完整性、及时性为统计维度，119家接入平台在2018年公布2017年财报信息、律师事务所法律意见书、会计师事务所专项审计报告三项内容的只有19家，其余100家平台只有年报信息，没有律师事务所法律意见书和会计师事务所专项审计报告。到目前为止，没有一个部门能提供完整准确的互联网金融统计事项和全国基本情况数据。随着金融科技创新的深入发展，可以预见各种金融类的平台公司会层出不穷，但监管必须跟上，否则就可能会让一些打着金融科技创新旗号的公司“野蛮生长”，最终将会给社会带来动荡。因此，对金融科技创新的监管需要明确第一责任监管主管部门。

（三）科技金融需要科技监管

区块链是金融科技的重要基础技术之一。区块链技术对于金融科技产生的问题可以起到一定的监管作用。深圳作为中国特色社会主义先行示范区，已经成功应用区块链技术对网贷进行整治，其应用区块链技术对科技金融进行科技监管有以下典型案例。2019年上半年，深圳率先推出以区块链技术为核心的P2P网贷机构良性退出统一投票表决系统，在全市27家网贷机构投入应用，服务出借人39万余人，覆盖待收本金214亿余元。深圳市互金协会率先发布《深圳市网络借贷信息中介机构良性退出指引》，创新设置出借人监督委员会、“三分之二加双过半”的表决规则等一系列良性退出机制。目前，网贷机构以区块链投票系统代替了原有的通过微信群、QQ群、社交网站的投票软件和少数代表的现场会等投票形式，以往投票形式的合法性和公正性备受质疑，执行过程也常有反复。新的投票系统采用了智能语音交互、区块链、生物识别等先进技术以及投票验证服务，保障投票结果的公开性、真实性、不可篡改，充分保护了出借人的知情权、表决权和监督权。为出借人提供投票表决服务有助于实现公平、公开、透明的投票表决环境。出借人监督委员会负责对相关事项进行审核监督，网贷机构授权协会提供信息披露及投票表决服务。[①]

（四）金融科技监管法治建设

从2010年起，我国针对互联网金融出台了不少法律和规章，初步统计，到2018年10月涉及互联网监管方面的法律、规章（包括地方）已有近50部，但仍然没有从根本上解决金融科技创新带来的风险问题。从立法视角分析，需要超前制定法律法规，对于未来的风险有一定的前瞻性。如果在出了大问题后才开始建章立规，就会导致社会交易成本提高，也会增大对社会的破坏性。2007年，中国第一家网贷公司拍拍网成立。2011年，网贷公司发展初期就发生了“跑路”事件和违规事件，贝尔创投利用POS机提现、天使计划携款“跑路”。当时立法和执法层面、地方政府没有对这些事件引起重视，有的地方政府过度强调创新，忽略了其中的风险。金融需要创新，更需要监管。从世界发达国家的经验来看，法治建设是监管的重要措施。

金融科技监管是复杂的系统工程。“一放就乱，一乱就管，一管就死”，如何走出这种乱象？这就需要系统的法治建设。建立与技术创新相适应的法律体系、监管体系，共同维护和推动数字经济模式下各类业务的创新和稳健发展。金融科技是一个特殊的创新领域，涉及技术层面和大众应用层面。在立法和执法上特别需要加强对用户信用方面的立法和执法。信用包括创设者和使用者两方的信用。作为传统金融机构的银行，对于法人或股东的任职资格都有一定的要求，金融科技类企业的法人或主要股东也应取得金融从业资格。美国和英国是P2P发展较早的国家，这些国家发生“跑路”事件的风险较低，关键就是这些国家建立了完备的信用立法和执法体系。

---

① 《网贷投票会被篡改?》,《深圳特区报》2019年12月19日。

（五）系统引导创新与监管

金融科技创新从科技的角度看是创新，从金融的角度看就需要监管。科技创新需要比较宽松的环境，而金融需要注意风险，这就容易产生创新与监管的矛盾，解决这一矛盾关键是要寻找科技创新与金融监管的平衡点。在金融科技业务中，应当明确创新边界、法律关系、部门责任划分等，也应明确中央政府和地方政府的监管责任。避免地方受利益驱动，打着金融科技的旗号，放松对金融科技创新的监管，影响国家社会经济稳定发展。

金融科技的监管还需要监管科技（RegTech）的发展。英国是金融科技创新发展比较早的国家之一，在金融科技监管方面走在世界前列。英国先后提出了监管科技和监管沙箱的概念。2016 年 5 月，英国金融行为监管局正式启动全球首个监管沙箱项目，监管科技就是利用科技的手段对金融科技进行监管，包括从狭义的 RegTech 和广义的 RegTech。狭义的 RegTech 仅指金融机构内部的合规程序通过使用科技的辅助手段变得更加高效；广义的 RegTech 还包括为了与金融行业的电子化发展同步，监管机构对技术创新加以利用。监管沙箱就是集中适度监管。英国建立监管沙箱机制是为了给金融创新提供安全的测试环境，力图化解创新与监管之间的矛盾。随后这种监管制度被新加坡、马来西亚和中国香港等地竞相效仿。监管沙箱本质上是一种金融产品创新的测试机制、消费者保护机制和激励机制，其具体流程总体上可分为申请、评估和测试三步。2019 年，中国人民银行已决定在北京金融科技创新监管试点，同时在上海试点中国式的监管沙箱制度。

（六）建立风险预警机制

金融科技不论怎样创新，基础都是金融，而金融的核心是资金流动安全性、投资安全性。资金利率的边际应该有极限，这个极限就是我们监管的边界。建立风险预警机制，比如利率超过多少时建议投资者慎重。目前包含利率指数的只有浙江大学互联网金融研究院、浙江大学金融科技研究院司南研究室和网贷研究室、杭州金智塔科技与中国金融信息网联合发布的金智塔中国网贷指数，但很难说这个指数能反映行业的真实情况。研究机构与行业中的某个企业合作发布的行业指数在权威性和指导性上都存在缺陷。具有利率性质的风险预警机制应由最高监管部门提供，这样才具有法律效力和提示作用。最高人民法院关于民间借贷的利率规定是最高不超过同期银行贷款利率的 4 倍，超过部分法院在司法实践中不予支持。

（七）金融科技创新应制定负面清单

负面清单一般是指一国以清单形式公开划定禁止或限制外资进入的领域范围。2013 年 11 月，党的十八届三中全会提出，实行统一的市场准入制度，在制定负面清单基础上，各类市场主体可依法平等进入清单之外领域。2014 年 6 月发布的《国务院关于促进市场公平竞争维护市场正常秩序的若干意见》要求改革市场准入制度，制定市场准入负面清单，国务院以清单方式明确列出禁止和限制投资经营的行业、领域、业务等，清单以外的，各类市场主体皆可依法平等进入。2015 年，国家发改委、商务部会同有关部门研究起草了《关于实行市场准入负面清单制度的意见》并于 2015 年 9 月 15 日经中央全面深化改革领导小组第 16 次会议审议通过，10 月 19 日由国务院印发并对外公布。现在全国各地都制定了各种负面清单制度。金融科技创新产生的风险有些是无法预知，但有些是可以预知的。对这些可以预知的风险实施负面清单制度，明确告知哪些业务不能做，有利于全社会应用金融科技创新成果并控制相关风险。

（八）传统金融监管方式对金融科技监管仍有借鉴意义

只要从事与金融有关的业务，都需要重视传统金融业务监管经验。深究美国 2008 年次贷危机的源头，就是只考虑金融创新，而忽视了金融属性和传统金融监管的经验，最后导致了全球性的金融危机。2008 年次贷危机也说明一个问题，金融创新还需要与传统监管模式结合。鉴于网贷机构的金融属性，仍然有必要借鉴传统的金融监管指标制定符合金融科技创新的监管方法，对网贷机构进行监管。如新巴塞尔协议三大支柱，即最低资本要求、外部监管和市场约束。还有与信用风险、市场风险以及操作风险有关的最低总资本要求的计算问题，最低资本要求由三个基本要素构成：受规章限制的资本的定义、风险加权资产以及资本对风险加权资产的最小比率。因此，无论未来金融科技创新怎样发展，只要具有金融属性，传统金融监管方式就仍然对金融科技监管有借鉴意义。中国 P2P 就性质而言是一种理财产品，理财产品平台的从业人员就必须具备理财师资格。

（九）重视监管科技的研究和应用

由于金融科技创新能力强，仅依靠传统的监管工具无法适应市场发展的需要，监管科技是未来金融科技监管的发展方向。区块链技术正成为监管科技的重要组成部分，运用大数据分析等技术手段加强监管；科技赋能，强化监测预警能力；充分运用互联网、大数据、人工智能等新技术开展线上监测，实施“以网治网”，应对非法集资“上网跨域”等问题。

由于信息技术的发展，金融业在最近二十年里产生了大量的破坏性创新产品。这种破坏性金融创新，导致金融中介利润率下降，新技术层出不穷，网络效应突出，新的金融产品不断产生，如 P2P、股权众筹、虚拟货币、数字货币、新型支付与货币兑换等，都需要新的监管模式。

参考文献

1. 杨东：《监管科技：金融科技的监管挑战与维度建构》，《中国社会科学》2018 年第 5 期。
2. 王雯、李滨、陈春秀：《金融科技与风险监管协同发展研究》，《新金融》2018 年第

2 期。

3. 王慧慧、李宏畅：《金融科技创新及风险监管研究》，《改革与开放》2017 年第 17 期。

4. 宋光辉：《资产证券化与结构化金融——超越金融的极限》，复旦大学出版社，2015。

5. 罗明雄、唐颖、刘勇：《互联网金融》，中国财政经济出版社，2013。

6. 零壹财经、零壹智库：《金融科技发展报告 2017》，中国工信出版集团、电子工业出版社，2018。

7. 韩伟主编《数字市场竞争政策研究》，法律出版社，2017。

8. 《2018 年 11 月份全国 P2P 网贷行业大数据》，搜狐网，2019 年 12 月 3 日。

9. 李万祥：《非法集资成重灾区》，《经济日报》2019 年 12 月 25 日。

10. 《上半年新立非法集资案 2978 起，涉案金额 2204.5 亿元》，环球网，2019 年 8 月 30 日。

11. 《网贷投票会被篡改?》，《深圳特区报》2019 年 12 月 19 日。

数字经济发展面临的问题与未来趋势

——基于创新理论的研究

深圳大学大数据系统计算技术国家工程实验室　王雪晴

摘　要：我国数字经济发展较快，但在发展过程中也产生了一些新问题，主要有产业融合的问题以及数字产业经济基础技术等问题，这些问题阻碍了数字经济发展。未来的数字经济发展主要表现为提升制造业的智能水平，核心技术加快突破，应用场景范围扩大。

关键词：数字经济　创新产业　产业融合

一　数字经济发展

2021 年 10 月 18 日，中共中央政治局就推动我国数字经济健康发展进行第三十四次集体学习，从国家复兴战略的视角强调发展我国数字经济产业的重大意义。数字经济正在成为重组全球要素资源、重塑全球经济结构、改变全球竞争格局的关键力量。“十三五”期间，中国数字经济年均增速超过 16.6%，数字经济产业接近 40 万亿元。我国 2005～2020 年数字经济规模见图 1。数字经济规模从 2005 年的 2.6 万亿元增长到 2020 年的 39.2 万亿元，15 年时间增长了约 14 倍。

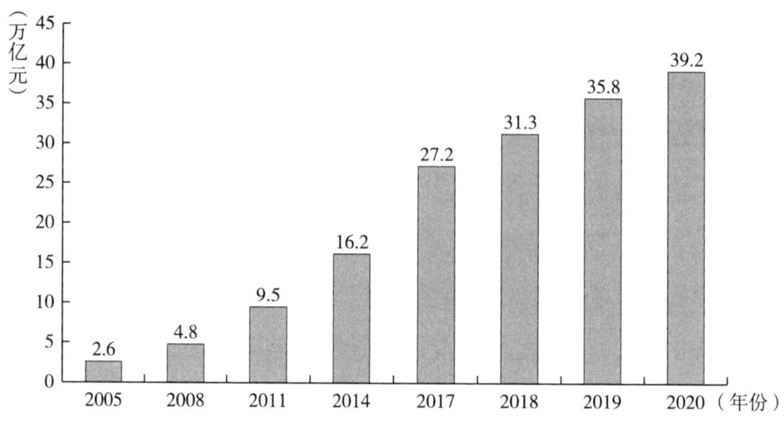

图 1　2005～2020 年中国数字经济规模

资料来源：中国工信产业网。

2020 年底，数字经济核心产业增加值占 GDP 的比重达 7.8%。[①] 我国数字经济增长速度明显快于 GDP 的增长速度，如图 2 所示。

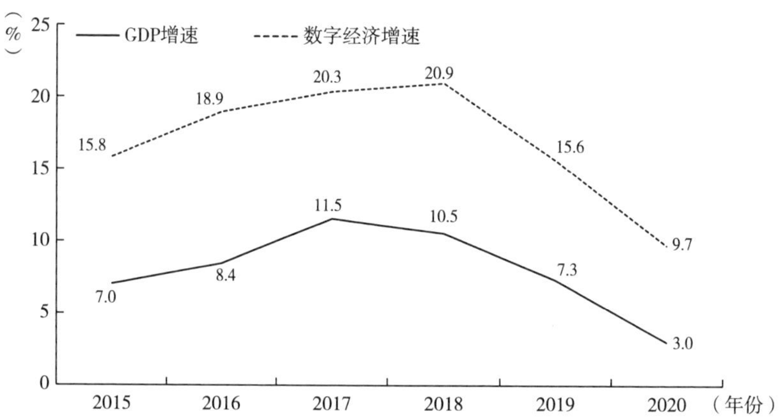

图 2　2015～2020 年中国数字经济增速与 GDP 增速

资料来源：中国工信产业网。

我国数字经济发展过程中，数字产业化的比重不断上升，而产业数字化的比重不断下降，数字经济内部结构发生了较大变化，如图 3 所示。

① 《中国数字经济发展活力增强》，中国政府网，2021 年 3 月 22 日。

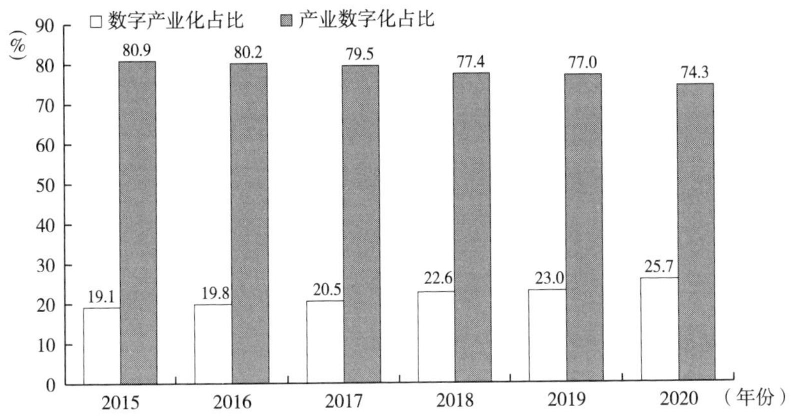

图 3　2015～2020 年中国数字经济内部结构

资料来源：中国工信产业网。

我国数字经济快速发展的原因主要是促进数字经济发展的基础产业发展快。国家发改委解读“十四五”规划的资料表明，我国固定宽带家庭普及率由 2015 年底的 52.6% 提升到 2020 年底的 91.5%，移动宽带用户普及率由 2015 年底的 57.4% 提升到 2020 年底的 96% 以上，我国已经建成全球最大的光纤网络，覆盖所有城市、乡镇及 98% 以上的行政村。4G 基站规模占全球一半以上，5G 商用全球领先，基站超过 70 万个，占全球比重近 70%。2020 年，信息传输、软件和信息技术服务业同比增速达 16.9%；工业机器人、集成电路、微型计算机设备等产品产量同比增长 19.1%、16.2%、12.7%。[①] 国家在“十三五”规划时就提出“科技创新 2030”重大科技项目 6 项，数字经济方面的有 2 项，分别为量子通信与量子计算机、国家网络空间安全；重大工程 9 项，涉及数字经济方面的有 4 项，分别为智能电网、天地一体化信息网络、大数据、智能制造和机器人。为了支持企业创新，解决科创公司融资难的问题，2018 年我国在上海证券交易所设立科创板，重点支持新一代信息技术等战略新兴产业的发展，突破核心技术。截

① 《“十四五”规划〈纲要〉解读文章之 11 | 建设数字中国?》，国家发改委网站，2021 年 12 月 25 日。

至2019年8月15日，上海科创板共有28家上市公司，募集资金379.3亿元，平均每家公司募集约14亿元。28家公司中，计算机公司13家，占比达46.43%。截至2021年12月31日，科创板共有377家上市公司，新一代信息技术类公司135家，占比高达35.81%。新一代信息技术上市公司具有很强的创新能力。根据科创板统计，到2021年底，新一代信息技术公司专利数量为56255件，占科创板公司专利总量的47.7%。

二　文献回顾

数字经济的发展基础是创新。创新促进经济增长是经济学研究的一个主要领域。亚当·斯密在18世纪就提出了专业分工提高效率的观点，马克思认为技术创新是经济发展与竞争的推动力。20世纪上半叶，著名经济学家熊彼特对创新进行了大量的研究，并形成了以熊彼特为中心的熊彼特学派，这个学派的研究包括对创新的认识，技术变革创新，发明、创造、创新的扩散。按照熊彼特对资本主义的解释，在资本主义经济发展过程中起重要作用的因素是实施生产要素新结合的企业家。企业家是创新者、经济变革者和发展的行动者。熊彼特创新理论的内生变化不是发生在经济过程中的需求方，而是发生在供给方。经济发展包含间接领域产品和生产手段的结合。在创新过程中，熊彼特特别强调创造性破坏。在熊彼特看来，创造性破坏的过程是资本主义经济的一个重要特征。创造性破坏的过程指的是实现新要素结合，它不断从内部更新经济结构。技术创新会带来产业的发展，产业的发展会促使产业内部结构发生变化，产业内部结构的变化进而带动组织的创新、社会的创新。随着新技术的产生，经济学家们提出了知识资本。美国经济学家加尔布雷斯（Galbraith）首先提出知识资本（knowledge capital）的概念，指出知识资本是与知识性活动有关的资本。格瑞里茨（Griliches）发表美国企业创新活动报告《R&D与企业生产率》，建立了企业知识资本生产函数。格瑞里茨创建了以知识资本和创新为增长发展动机的企业内生增长理论框架。随着信息技术的发展，又有学者提出信息经济、知识经济的概念，其实质还是创新概念的扩展。1982 年，奈斯比特在《大趋势》中提出了“信息经济”的概念，知识经济是与农业经济、工业经济相对应的概念。知识是指人类社会所创造的一切认识和经验的总和，包括科学技术、管理和行为科学的知识。传统的经济增长理论注重的是劳动力、资本、原材料和能源，认为知识和技术是影响生产的外部因素。联合国经济合作与开发组织将知识经济定义为建立在知识和信息的生产、分配和使用之上的经济。但也有专家学者把知识经济与信息经济、数字化工业、知识社会等各种新名词混用，认为这种“新型经济”现象可以用两个词来解释：经济增长以及资本、信息技术（工厂）或者信息和电信业。比尔·盖茨认为知识经济主要是一种“信息产业”，这种信息依靠的完全是软件的成功，软件的成功是依靠软件的创新、技术、研究，并倾听用户的声音。

三　数字经济发展过程中的问题

数字经济发展在我国起步晚，但发展速度快，成功地实现了追赶发展战略，在不到四十年的时间，涌现了数字经济领域的跨国公司，如华为、中兴、联想等。但是，任何一个产业在快速发展过程中都会产生一些新问题，数字经济在发展过程中同样面临一些产业发展问题。

（一）产业融合问题

产业融合程度可以用来观察一个产业纵向发展的长度、横向发展的宽度及对其他产业的渗透程度。数字经济产业具有实体经济和虚拟经济的双重特点，因此与其他产业相比，数字经济产业有更强大的融合动力。信息技术是新一轮产业革命中创新最活跃、交叉最密集、渗透性最广泛的领域。2008 年国际金融危机以后，新一代感知、传送、存储、计算机技术加速融合，创新信息技术体系、架构、材料、装备、工艺创新步伐加快，海量存储、高速赋能、智能处理、数据挖掘等技术激活了数字经济创新和应用的潜能。工业互联网、能源互联网、智能制造等新产品、新业态、新模式及新的竞争格局，给各国带来了新的发展理念。新一轮信息通信技术发展处于爆发期，成为引领新一轮变革的主导力量。制造业与互联网融合发展效果明显，网络化协同制造、个性化定制、服务型制造等新模式不断涌现。在飞机、汽车、家电等行业推广网络化协同制造模式，加速企业从"单打独斗"向产业内协同转变，促进产业整体竞争力的提升。在家电、服装、家具等行业推广个性化定制模式，以大规模个性化定制为主导，新生的生产模式可有效满足市场多样化需求，实现产销动态平衡。在工程机械、电力设备、风机制造等行业推广服务型制造模式，提升工业品的附加值，形成了工业、电子商务、产业类金融等新业态，积极发展面向制造环节的分享经济，打破企业界限，共享技术、设备和服务，提升中小企业快速响应和高效供给的能力。总体上来说，数字化对于服务业的融合程度高，而对于制造业的融合程度要低一些。

（二）数字基础技术问题

数字产业与其他产业不同，在发展过程中，基础技术的发展带动整体产业发展，这一点十分关键，操作系统以及核心应用软件是数字经济最重要的基础设施。电子商务平台、现代物流、网络支付、信用服务、电子认证、智能终端、宽带网络、云计算、大数据等都是数字经济的基础设施。我国在这些方面还处于落后状态。数字基础设施严重不足和技术落后导致各种平台支撑能力不足。目前，互联网平台在汇聚、整合创业创新资源和带动技术、产品、组织、管理、经营机制创新方面的潜力远远没有发挥出来；自动控制关键技术、核心工业软件、工业网络、工业互联网平台等制造业新兴基础设施的技术支撑能力严重不足。制造业已进入智能化转型阶段，实现工业 4.0 等目标都需要建立智能制造体系。

（三）数字经济发展中的法律问题

数字经济发展中的法律问题主要是数字产业生产、消费和服务方面的法律问题。发展数字经济需要构建一个法律体系，目前我国在这些方面还不是很完善。数字经济是以平台为基础发展起来的，平台容易产生垄断。对于这些垄断的平台，我们怎样进行管控？用什么样的法律来进行规范？另外，数字产业发展过程中税收的征管问题实际上涉及税收法律的问题；数字经济平台产品的质量问题、标准化问题等也都需要从法律的层面来解决。

（四）信息安全问题

信息安全是全球面临的一个共同的挑战，信息技术越发达，信息安全问题就越突出。数字经济已经进入电子货币时代，在电子货币的普及过程中，安全性是首要问题。数字货币及相关的网站可能受到黑客攻击、身份盗取、诈骗、网络欺凌、网络钓鱼等，这些都会破坏社会及个人的信息安全。普通互联网用户一般只能依靠薄弱的密码来保护邮件或网上账户。服务提供商并没有给出更好的保护措施，最典型的如金融中介机构，它们的特长是金融创新，而非研究安全技术。2008 年，美国国家金融服务公司、通用电信等金融企业个人资料外泄。近年来，身份盗取事件增加，2008 年相关报道占当年同类报道的 50% 以上。截至 2014 年，金融领域中的个人资料外泄导致的身份盗取报道占当年同类报道的比例已经减少至 5.5%，但在医疗保健领域，资料外泄的相关报道增加到全年总数的 42%。美国 IBM 统计资料外泄的平均代价是 380 万美元。每年仅资料外泄带来的总损失至少为 7 亿美元。我国工业互联网、工业生产智能控制系统、工业大数据平台安全防护能力薄弱，信息安全测试、评估、验证能力不强。智能制造企业实现工业 4.0 最大的障碍就是工业生产智能控制的信息安全问题。

四　我国数字经济产业的发展趋势

（一）智能制造业快速转变

受金融危机的影响，各国纷纷提出再工业化的战略，目的是抢占新一轮技术革命和产业变革的制高点。德国提出工业4.0的概念，强调通过信息通信与生物、物理生产系统的融合来改变当前的工业生产与服务模式。美国提出工业互联网，强调通过智能机器间的连接，最终实现人机连接，并结合大数据分析来重构全球工业。这些措施最主要的发展方向是使传统制造业向智能制造业发展。未来的智能制造业、制造业智能化发展的趋势越来越明显，制造业加速向万物赋能、数据驱动、软件订立、平台支撑、组织重构的形式转变。

（二）数字技术广泛应用

随着技术的发展，数字经济的应用场景越来越广泛。一些数字技术发达的国家已经在研究6G网络。在5G的基础上通过卫星通信网络来实现全球覆盖，有望在2025年得到商用。2015年，谷歌给SpaceX太空探索技术公司投资10亿美元，目的之一是打造太空互联网；同年，SpaceX提出斯塔克训练项目，发射12000颗卫星组成低轨道卫星通信系统，现在已经取得阶段性突破。波音、空客、三星等公司都在开展低轨道卫星通信系统的研发工作，而且取得了阶段性进展。信息、通信技术和大数据技术的跨界融合，正在推动大数据与人工智能时代的到来。云计算、区块链与量子信息等技术的结合，为关键技术的突破带来了新动能，促进了网络智能和数据能力的发展。未来的6G网络加卫星通信网络将使我们进入一个全新的数字经济时代。随着信息和感官的泛在化，数字技术将在工业通信、智慧城市运营、家居生活、个人健康管理、大脑活动控制与管理等方面大有可为，并最终推动全世界变革。

（三）核心技术将会有重大突破

现代工业体系有四项基础内容，分别是基础材料、基础零部件和元器件、基础工艺、基础技术。我国在这些领域和产业中的技术都比较薄弱，严重制约了我国智能制造业的发展和数字经济的融合。核心工业软件领域的研发设计工具、制造执行系统、工业控制系统、大型管理软件均依靠外国进口。在感知和自动控制领域，欧美等国家占据了90%的市场。我国工业领域的传感器主要依靠进口，传感器、核心材料器件基本被国际跨国公司垄断。中国制造业提出规划，强化工业基础，国家已经决定在重要的核心技术上进行重点攻关，以便实现重大突破。预计在未来一段时间内，这些问题将得到解决。以工业云和大数据分析平台为载体，加快全球资源建设步伐，这一点已经取得阶段性成果。工业和信息化部、国家发展和改革委员会、教育部、科技部、财政部、人力资源和社会保障部、国家市场监督管理总局、国务院国有资产监督管理委员会八部门联合印发《"十四五"智能制造发展规划》，提出"十四五"期间要大力发展智能制造装备，主要包括4类，即基础零部件和装置、通用智能制造装备、专用智能制造装备以及融合了数字孪生、人工智能等新技术的新型智能制造装备；聚力研发工业软件产品，引导软件开发、装备制造等，引导企业以及研究院所；联合开发研发设计、生产制造、经营管理、控制执行等工业软件；研究提出系统解决方案，包括面向典型场景和细分行业的专业化解决方案，以及面向中小企业的轻量化、易维护、低成本解决方案。在未来5～10年间，数字经济发展的重大技术难题将会得到解决。

参考文献

1. 约翰·E. 艾特略：《创新管理——全球经济中的新技术、新产品和新服务》，王华丽、刘德勇、王彦鑫译，上海财政大学出版社，2008。
2. 保罗·特罗特：《创新管理与新产品开发》（第四版），吴东、梅智勇、严琳译，中国市场出版社，2009。

3. 约翰·伊特韦尔等编《新帕尔格雷夫经济学大辞典》，经济科学出版社，1996。

4. 安筱鹏：《重构数字化转型的逻辑》，电子工业出版社，2019。

5. 李正茂、王晓云、张同须等：《5G+：5G如何改造社会》，中信出版集团，2019。

6. 程惠芳、陈超：《开放经济下知识资本与全要素生产率——国际经验与中国启示》，《经济研究》2017年第10期。

7. 韩雪梅：《关于知识经济问题研究综述》，《学术交流》1998年第6期。

8. 约翰·奈斯比特：《大趋势》，中华工商联合出版社，2009。

9. Cooker P., Uranga M. G., "Regional Innovation Sastem: Institutional and Organization Dimensions," *Research Policy*, 1992 (26).

10. 郑展：《知识流动与区域创新网络》，中国经济出版社，2010。

11. 《中国数字经济发展活力增强》，中国政府网，2021年3月22日。

12. 《"十四五"规划〈纲要〉解读文章之11｜建设数字中国?》，国家发改委网站，2021年12月25日。

数字经济与区块链发展研究报告

深圳建设中国特色社会主义先行示范区的理论及政策研究

深圳大学传播学院　马春辉

摘　要：本文以新时代中国特色社会主义政治经济学理论为基础，深入探讨深圳建设中国特色社会主义先行示范区的内容、条件及政策。深圳建设中国特色社会主义先行示范区的关键在于发展经济，建立现代经济体系，大力发展高科技和高附加值制造业；深化资本市场与金融市场改革开放，建立深交所微创板和前海自贸区，创建国际金融中心；建设生态文明城市；研发投入均衡化发展；政府推动企业品牌和会展业发展；完善政府现代预算制度；强化基础教育；完善医疗保险体系；探索小产权住房资产证券化体系；政府推动企业品牌和会展业发展。

关键词：中国特色社会主义先行示范区　深圳　全面深化体制机制改革

1978 年我国改革开放初期，党中央决定建立深圳经济特区，目的是要深圳经济特区为国家不断探索经济体制和经济发展的模式。在新的历史条件下，国家又赋予了深圳一项新的重任，即建设中国特色社会主义先行示范区。深圳建设中国特色社会主义先行示范区要求深圳全方位探索社会经济发展、全面深化体制机制改革和对外开放等方面的可以复制推广的经验。

一 深圳建设中国特色社会主义先行示范区的理论基础

深圳经济特区经历了四十多年的发展，进行了大量市场经济和对外开放的探索，取得了不少成功的经验。深圳经济特区从要素市场、行政管理、工业区发展、行政区域发展、共同富裕到异地扶贫等方面都进行了有益的探索。深圳要素市场创造了很多中国第一：第一块土地拍卖、第一家外汇调剂中心、第一家商业银行、第一个工业区、第一个国有资产管理中心、第一个成立监察局等。深圳在产业结构优化升级、新兴产业培育、投资基金、资本市场、自由贸易区的政策、民营经济等方面丰富了中国特色社会主义建设的内容。

深圳建设中国特色社会主义先行示范区的经济理论基础是新时代中国特色社会主义政治经济学。新时代中国特色社会主义政治经济学内容十分广泛，核心内容是坚持以人民为中心的发展思想和创新、协调、绿色、开放、共享的发展理念。2015 年 11 月，习近平总书记在主持中共中央政治局集体学习时提出，坚持以人民为中心的发展思想，这是马克思主义政治经济学的根本立场。以人民为中心的发展思想，反映了社会主义经济发展的规律和要求。坚持以人民为中心的发展思想，是新时代中国特色社会主义政治经济学的基本观点和出发点。创新、协调、绿色、开放、共享五大发展理念是不可分割的整体，创新发展是为了解决发展动力的问题，协调发展是为了解决发展不平衡的问题，绿色发展是为了解决人与自然和谐的问题，开放发展是为了解决发展内外联动的问题，共享发展是为了解决社会公平正义的问题。在社会主义基本制度方面，新时代中国特色社会主义政治经济学明确提出了坚持和完善社会主义基本经济制度和分配制度。坚持公有制的主体地位和国有经济的主导作用不动摇，明确了公有制经济和非公有制经济都是社会主义市场经济的重要组成部分，都是我国经济社会发展的重要基础；全社会需要积极发展混合所有制经济，促进非公有制经济健康发展。完善社会主义基本分配制度，在坚持按劳分配原则的同时，进一步完善按要素分配的体制机制，建立健全二次分配收入调节机制，缩小收入差距，实现共同富裕。在体制机制改革方面，新时代中国特色社会主义政治经济学提出了市场在资源配置中起决定性作用，全面深化体制机制改革核心问题是处理好政府和市场的关系，发挥市场在资源配置中的决定性作用，既要“有效的市场”，也要“有为的政府”。我国经济已由高速增长阶段转向高质量发展阶段，正处在转变发展方式、优化经济结构、转换增长动力的关键期，亟须建设现代化经济体系，进一步推进供给侧结构性改革，解放和发展社会生产力。在对外开放方面，新时代中国特色社会主义政治经济学提出构建人类命运共同体和促进经济全球化健康发展。面对世界经济的变化，需要形成全面开放新格局，建立对外开放新体制，发展更高层次的开放型经济，积极参与全球治理体系改革和建设，构建人类命运共同体。

在中国特色社会主义进入新时代后，深圳建设中国特色社会主义先行示范区具有更广阔和更深远的理论意义。中国需要建立现代化的经济体系，在更高层次、更高目标上推进改革开放，形成全方位改革开放的格局，应对贸易保护主义的抬头。我国在经济发展中面对的外部环境更复杂，国际金融危机影响仍然存在，全球性收入分配不公及社会贫富差距扩大叠加形成了逆全球化潮流。深圳建设中国特色社会主义先行示范区更有利于对外开放，形成经验。深圳建设中国特色社会主义先行示范区有利于探索实施粤港澳大湾区战略政策、路径。香港回归二十多年来，“一国两制”取得了有目共睹的成绩。在中国特色社会主义进入新时代后，深圳建设中国特色社会主义先行示范区更有利于丰富“一国两制”的实践。深圳建设中国特色社会主义先行示范区有利于探索全球治理的前沿经验，丰富中国道路的内容，为实现中国强国提供示范，为建立新时代中国特色社会主义政治经济学提供中国答案。

二　深圳建设中国特色社会主义先行示范区的内容

根据《中共中央、国务院关于支持深圳建设中国特色社会主义先行示范区的意见》，深圳建设中国特色社会主义先行示范区的内容十分丰富，具体包括五个部分：率先建设体现高质量发展要求的现代化经济体系；率先营造彰显公平正义的民主法治环境；率先塑造展现社会主义文化繁荣兴盛的现代城市文明；率先形成共建共治共享共同富裕的民生发展格局；率先打造人与自然和谐共生的美丽中国典范。

深圳建设中国特色社会主义先行示范区的具体发展目标是到2025年建成现代化国际化创新型城市，深圳经济实力、发展质量跻身全球城市前列，研发投入强度、产业创新能力世界一流，文化软实力大幅提升，公共服务水平和生态环境质量达到国际先进水平。到2035年，深圳成为竞争力、创新力、影响力卓著的全球标杆城市；高质量发展成为全国典范，城市综合经济竞争力世界领先，建成具有全球影响力的创新创业创意之都，成为我国建设社会主义现代化强国的城市范例。

三　深圳建设中国特色社会主义先行示范区的条件

深圳市经历了几十年的改革开放，在中国改革开放的各个历史时期为中国特色社会主义做出了很多有益的探索，很多经验在全国推广。在新时代中国特色社会主义建设时期，中共中央和国务院赋予深圳建设中国特色社会主义先行示范区的任务，这一任务虽然艰巨，但深圳经历了几十年的发展，已经具有了良好的中国特色社会主义示范区优势。

（一）强大的现代产业体系和高科技企业集群

2019年，深圳实现地区生产总值26927.10亿元，比上年增长6.7%。其中，第一产业增加值25.20亿元，同比增长5.2%；第二产业增加值10495.84亿元，同比增长4.9%；第三产业增加值16406.06亿元，同比增长 8.1%。2019 年，深圳第一产业增加值占全市地区生产总值的比重为 0.1%，第二产业增加值占比为 39.0%，第三产业增加值占比为 60.9%。从产业结构分析，深圳市产业结构基本稳定。第一产业、第二产业和第三产业的比重基本固定，如图 1 所示。深圳人均地区生产总值 203489 元，同比增长 3.0%，按 2019 年平均汇率折算为 29498 美元。2019 年，深圳四大支柱产业中，金融业增加值 3667.63 亿元，比上年增长 9.1%；物流业增加值 2739.82 亿元，同比增长 7.5%；文化及相关产业（规模以上）增加值 1849.05 亿元，同比增长 18.5%；高新技术产业增加值 9230.85 亿元，同比增长 11.3%。

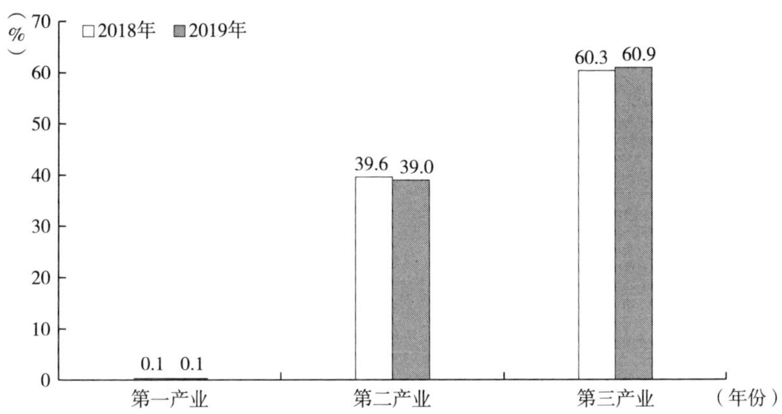

图 1　2018 年和 2019 年深圳三次产业结构变化

资料来源：深圳市统计局网站。

2019 年，深圳战略性新兴产业增加值合计 10155.51 亿元，占地区生产总值的 37.7%。其中，新一代信息技术产业增加值 5086.15 亿元；数字经济产业增加值 1596.59 亿元；高端装备制造产业增加值 1145.07 亿元；绿色低碳产业增加值 1084.61 亿元；海洋经济产业增加值 489.09 亿元；新材料产业增加值 416.19 亿元；生物医药产业增加值 337.81 亿元。

2019 年，深圳证券市场总成交金额 1007851.26 亿元，比上年增长 37.0%。其中，股票成交金额 730314.79 亿元，同比增长 46.1%，A 股总成交金额 730108.22 亿元，同比增长 46.2%，B 股总成交金额 206.57 亿元，同比下降16.2%；债券成交金额254446.67亿元，同比增长24.2%；基金成交金额23089.80亿元，同比下降25.6%。2019年，深圳证券市场总成交股数72832.14亿股，同比增长62.6%。2019年末，上市公司市价总值237414.87亿元，同比增长43.5%；上市公司流通市值182206.74亿元，同比增长50.5%。2019年末，深圳证券交易所上市公司2205家，比上年增加71家；上市股票2242只，同比增加70只，其中A股2195只，同比增加71只，B股47只；总发行股本21520.50亿股，同比增长8.3%；总流通股本17317.40亿股，同比增长11.4%。

2019年保险机构原保险保费收入1384.47亿元，比上年增长16.2%。其中，财产险业务收入362.05亿元，同比增长5.2%；人身险业务收入1022.42亿元，同比增长20.7%。2019年各项赔付支出363.85亿元，同比下降0.2%。其中，财产险业务支出223.36亿元，同比下降2.0%；人身险业务支出140.49亿元，同比增长2.7%。

根据统计，2020年深圳市高新科技企业总数超过15000家，南山区集中了100多家高科技上市公司，深圳形成了高科技企业集群效应，现代产业体系、高科技企业集群为深圳建设中国特色社会主义先行示范区提供了强大的基础条件。

（二）创新基础设施增强

创新城市需要有创新基础设施支持。深圳经济特区在建立之初的主导产业是加工贸易，创新基础设施不足。经过产业升级转型，现在深圳的基础设施和各种创新载体不断增加。2019年末深圳市有各级创新载体2257个，其中国家级重点实验室、工程实验室和技术中心等创新载体116个，部级创新载体604个，市级创新载体1537个。创新载体的增长直接带动了专利数量的增长。2019年，深圳专利申请量与授权量分别为26.15万件和16.66万件，分别同比增长14.4%和18.8%。其中，发明专利申请量与授权量分别为8.29万件和2.61万件，分别同比增长18.4%和22.3%。创新需要人才和体制机制的创新，深圳吸纳人才的能力不断增强。2019 年末，深圳市各类专业技术人员有 183.50 万人，比上年增长 10.1%，其中具有中级以上技术职称的专业技术人员有 54.69 万人，比上年增长 7.4%。

（三）高度开放的外向型经济

深圳是中国经济最开放的城市之一。对外贸易额和吸引外资及对外投资占地方生产总值和全国生产总值的比重均较大。2019 年，深圳市货物进出口总额 29773.87 亿元，其中出口总额 16708.95 亿元，进口总额 13064.92 亿元。出口总额连续 27 年居内地大中城市首位。2019 年，深圳市进出口总额占全国的比重为 9.83%。2019 年，深圳市新签外商直接投资合同项目 5867 个，实际使用外商直接投资金额 78.09 亿美元，占全国的 6.08%。据中国综合开发研究院的分析，深圳有 225 家企业披露了境外收入情况，占比达 61.3%，境外收入比重超过 10% 的企业共有 146 家，占比达 39.8%，这表现出深圳上市公司整体国际化经营水平较高，外向型经济特征显著。

（四）良好的营商环境

世界银行对各国的营商环境进行了综合排名，2014～2019 年，中国整体营商环境排名上升较快，由第 96 位上升到第 46 位，中国营商环境整体已得到很大提升。

国际知名咨询公司科尔尼发布的全球城市营商环境指数包括商业活力、创新潜力、居民幸福感和行政治理四个维度的 23 个标准，是一套全新的全球城市营商环境评价体系。根据该评价体系对全球 45 个主要国家的 100 个城市进行系统评估，得出全球营商环境百强城市，深圳市排在全球第 58 位，在中国（包括香港、台湾、澳门）排第 5 位。普华永道和 BBD 的《2018 中国城市营商环境质量报告》从政府服务优化、产业转型升级、城市功能完善、人力资本聚集四个维度对城市营商环境进行评估，在该报告中，2018 年深圳市营商环境排名全国第一。为了进一步提升城市竞争力，2018 年出台的《深圳市关于加大营商环境改革力度的若干措施》将深圳对标新加坡和中国香港等发达国家和地区，以世界银行营商环境评价体系为参照，从贸易投资环境、产业发展环境、人才发展环境、政务环境、绿色发展环境和法治环境 6 个方面，提出 20 大改革措施、126 个政策点，着力在服务效率、管理规范、市场活力、综合成本等方面进行改进，率先营造国际一流营商环境。

（五）人口红利

中国的人口红利正在消失，但深圳还在分享全国的人口红利。由于开放度高、包容性强和本身的人口结构特色，深圳目前仍然处于人口红利期。深圳是中国人口净流入最大的城市之一。2019 年末，深圳常住人口为 1343.88 万人，比上年末增加 41.22 万人。其中，常住户籍人口 494.78 万人，同比增长 8.8%，占常住人口比重为 36.8%；常住非户籍人口 849.10 万人，同比增长 0.1%，占比为 63.2%。

据深圳市人社局统计，到 2020 年，深圳引进海外高层次人才 2000 人，带动引进留学人员 20000 人，新增认定国内高层次人才 1500 人；新增技能人才 110 万人，新增高技能人才 66 万人，高技能人才占技能人才总量的 35%；接收高校应届毕业生和引进市外在职人才 80 万人以上。全国人口红利为深圳建设中国特色社会主义先行示范区提供了源源不断的高素质人力资本。

（六）生态环境优势

深圳建设中国特色社会主义先行示范区需要吸引各种高端人才。一个城市要吸引各种人才，需要有良好的生态环境和生活环境。深圳的生态环境经过近几年的治理发生了较大变化，生态环境质量在全国处于领先水平。2019 年末，深圳市建成区面积已达 927.96 平方千米，绿化覆盖面积为 10.18

万公顷，建成区绿化覆盖率为43.40%，建成区绿地率为37.38%。2019年末共有公园1090个，比上年增加117个，公园面积为311平方千米，同比增长0.3%。城市污水处理率为97.72%；生活垃圾无害化处理能力为20827.32吨/日，生活垃圾无害化处理率为100%。

深圳310条河流中曾有159个黑臭水体，在全国36个重点城市中数量最多。2016年，深圳举全市之力打响水污染治理攻坚战。2016～2019年，深圳投入1200亿元，2019年10月底，全市159个水体全部达到不黑不臭。2019年深圳被国务院评为水环境质量改善最明显的五个城市之一，同时被评为全国黑臭水体治理示范城。2019年，深圳城市污水处理率为97.0%，全市主要集中式饮用水源地水质达标率为100%。

深圳在建设中国特色社会主义先行示范区的过程中，也存在一些需要长期考虑的因素。国际环境的变化增加了深圳经济增长的不确定性。高新技术产业中自主核心技术不多，在国际上有影响力的品牌少，劳动力和土地要素成本增长较快。带动深圳经济增长的主导企业是改革开放中后期产生的，如华为、万科、招商、平安等。由于营商成本增加，企业投资回报率下降。中美贸易摩擦引起制造业国际产业转移和向发达国家回流。中国周边国家和地区通过制造业参与国际分工，进而参与世界物流体系价值链的分工，促使国际资本向这些成本较低的地区流转。外部环境的变化对于经济增长模式高度外向的深圳影响较大。

四 发展政策

全国经济增长已进入新常态，深圳市经济增长也将告别高速增长期，根据最近五年的统计，深圳市地区生产总值最高增速为9.1%，2018年增长率回落到7.6%，仅高于全国增速1.1个百分点。2019年上半年，深圳市地区生产总值增长7.4%，作为深圳支柱产业之一的金融业增加值只增长了7%，交通运输、邮政和仓储业增长了5.2%。2018年货物进出口贸易总额增长7%，而2019年上半年同比下降了0.9%，其中出口增长5.1%，进口下降7.8%；实际利用外资同比增长6.9%；新签外商合同项目同比下降52.9%。因此，深圳经济增长下行压力较大。深圳在建设中国特色社会主义先行示范区的过程中，关键在于发展经济，补足短板，这样才能丰富新时代中国特色社会主义政治经济学的内容。

（一）大力发展高科技和高附加值制造业

深圳作为全国一线城市，在现代服务业，特别是国际物流、国际金融保险等高端服务国际化程度较低的状况下，需要促进高端高新制造业发展，提高制造业的附加值，推动深圳现代经济体系的形成。在一定时期内，深圳制造业的发展是深圳现代服务业发展的基础，也是深圳经济增长的保障。制造业是建立现代经济体系的基石，也是国际产业博弈的关键。德国明确提出提高制造业在经济中的比重，坚持制造业为发展模式转型和经济发展驱动力。《国家工业化战略2030》具体提出制造业增加值的比重由23%提高到25%。美国发布的《美国先进制造业领导力战略》等文件，提出美国未来将重点发展人工智能、先进制造、量子科技和5G技术等。美国支持制造业回流是因为制造业是保证一个国家经济稳定增长和就业的基础。2010年，被美国《外交》（*Foreign Affairs*）杂志评为全球百位思想家的Vaclav Smild在《美国制造》一书中提出，如果没有一个强大而且极具创新性的制造业体系以及它所创造的就业机会，那么任何一个先进的经济体都不可能发展繁荣。Smild深入探究了制造业如何成为美国掌握全球经济、战略和社会主导权的基本力量。Smild评价了解决美国制造业危机的各项对策，包括降低公司所得税、推进研发活动以及改善公共教育对策等。推进研发活动、改善公共教育正是深圳需要强化的地方。深圳在发展制造业上最大的优势是产业融合与创新驱动。产业融合是在经济全球化、新技术革命的背景下进行的产业组织变革，产业融合有利于提高全要素生产率。产业融合包括渗透融合、延伸融合和重组融合等方式。制造业服务化以信息技术为纽带，产业链上下游重组融合，融合后生产的新产品表现出数字化、智能化和网络化的发展特征，创新成为驱动发展的主要力量。信息技术、生物技术、新能源技术等广泛渗透到各个领域，大数据、云计算和移动互联网等新一代信息技术同机器人和智能制造技术融合发展，这些都是深圳制造业发展的优势。

（二）深化资本市场与金融市场改革开放

深圳是中国重要的资本市场和金融市场，但相对国际资本市场，深圳资本市场开发程度较低，监管方式相对落后。进一步发展和深化深圳资本市场与金融市场改革有利于深圳企业融入国家“一带一路”“大湾区发展规划”等大战略。深圳在建设中国特色社会主义先行示范区的过程中，可以利用深交所开设微创板证券交易市场，交易与监管方式可以参照香港的管理模式，发挥市场配置资源的决定性作用。在金融市场方面，深圳需要实现由普惠金融到普惠融资的转变。普惠金融服务主要针对个人的金融服务业，对企业而言，更多是需要普惠融资。设立微创板可以让具有发展潜力的小微企业做强做大。全国中小企业比重达90%，2017年深圳市注册企业总数达1769876家，注册资本在100万～1000万元的企业占56.61%；注册资本在1000万～100000万元的企业209073家，占11.81%；注册资本在100000万元以上的企业仅占1.58%。可见，深交所推出微创板对于全国和深圳市中小企业直接融资意义重大。

深圳要探索全球治理经验，发展国际金融中心是一个重要举措。前海自贸区是深圳建设国际金融中心的发动机。从国际金融中心的业务分工分析，前海自贸区可以以创建伊斯兰国际金融中心和国际数字货币金融区为切入点。伊斯兰国际金融中心不仅服务伊斯兰国家，也服务英国、美国、加拿大、新加坡等国家。全世界已有伊斯兰银行和保险公司近350家。随着我国“一带一路”倡议向纵深发展，金融配套服务亟须跟进。根据共建“一带一路”国家的情况和我国对共建“一带一路”国家基础设施投资的增长，融资问题日益突出。在金融和对外经济发达的地区创建伊斯兰金融国际中心大有必要。前海自贸区伊斯兰国际金融中心的形成，将带动前海成为“一带一路”伊斯兰国家国际货物采购中心。深圳是粤港澳大湾区的重要高新技术产品制造中心。国际贸易保护主义抬头，深圳需要发展多元的国际贸易。共建“一带一路”伊斯兰国家将是深圳未来拓展国际贸易的重要地区。发展国际金融中心，是发展国际贸易中心的必要条件。

数字货币是一个新生事物，发展前景远大，目前数字货币发展迅速，中国人民银行已经提出在深圳试点数字货币，深圳应抓住机遇，把前海建成国际数字货币金融区。

（三）建立住房资产证券化体系

住房问题已经成为深圳发展的一个瓶颈。在深圳建设中国特色社会主义先行示范区的过程中，需要建设175万套住宅，这个任务比较艰巨。因此，深圳在解决住房问题方面，必须要创新住宅供给模式。房地产资产证券化可能是解决住房供给问题的一种模式。房地产投资信托（Real Estate Investment Trusts）在发达国家的房地产市场中早已存在，它是一种通过发行股份或收益凭证汇集资金，将来自房地产物业的投资收益按比例分配给投资者的信托基金，这类信托公司以股东盈利为目的而经营房地产资产组合。一般而言，这类公司按照投资公司的模式组建，房地产投资信托投资于多样化的房地产，例如购物中心、医疗设施、疗养院、办公楼、综合式公寓、工业仓库和旅馆。一些房地产投资信托，可称为产权房地产投资信托，它们在房地产企业中拥有股权。股东的收益来自租金和出售房屋土地的资本利得。还有一些房地产投资信托专门向房屋开发商提供贷款，称为抵押房地产投资信托，收取的贷款利息是股东的收入来源。也有一些房地产投资信托称为混合型房地产投资信托，它们从事股权和债权的组合投资。为了避免公司法人纳税，75%或以上的房地产投资信托的收入必须来自房地产且每年95%的净收入必须发放给持股者。房地产投资信托必须将大部分收入进行分配，所以它们支付的收益可能为5%～10%甚至更高。

深圳的房价越来越高，深圳可以把小产权房证券化，组建政府法定机构的房地产资产证券化公司，提供流动资金，保障房屋所有者权益和租赁者的权益。小产权房证券化可以稳定房租，保障租户的利益。

（四）研发投入均衡化

研发投入关系到产业的升级转型和长远发展，是提高经济增长质量的关键要素。2019 年，深圳市全社会研发投入占地区生产总值的 4.2%，其中 90% 是企业投入。深圳市研发投入的市场化程度高，企业投入是主体。如果从投入企业的规模分析，主要集中在大企业。2017 年，深圳市工业企业 183071 家，规模以上工业企业[①]只有 7938 家，仅占工业企业总数的 4.3%。工业企业和规模以上工业企业的 R&D 活动经费如表 1 所示。

表 1　2009～2017 年深圳市企业 R&D 活动经费状况统计

单位：亿元，%

	2009 年	2010 年	2011 年	2012 年	2013 年	2014 年	2015 年	2016 年	2017 年
全社会 R&D 活动经费	297.7	333.3	416.1	488.4	584.6	640.1	732.4	843.0	976.9
工业企业 R&D 活动经费	263.4	305.0	381.9	462.7	548.7	601.1	689.0	795.3	904.7
规模以上工业企业 R&D 活动经费	259.0	313.8	388.9	461.9	532.9	588.3	672.6	760.0	841.1
R&D 占主业的比重	1.77	1.70	1.93	2.20	2.39	2.45	2.69	2.84	2.73

资料来源：深圳市统计局。

2017 年，深圳市工业企业 R&D 活动经费占全社会 R&D 活动经费支出的 92.6%，而 2017 年规模以上工业企业 R&D 活动经费支出占当年全部工

① 从 2011 年 1 月起，纳入规模以上工业统计范围的工业企业起点标准从年主营业务收入 500 万元提高到 2000 万元；固定资产投资项目统计的起点标准从计划总投资额 50 万元提高到 500 万元。

业企业的 93%；95% 的小型工业企业只有很少的 R&D 活动经费支出。2017 年深圳企业 R&D 活动经费支出占主业收入的比重为 2.73%。根据中国（深圳）综合开发研究院联合宏信证券共同发布的《深圳上市公司发展报告（2018）》，2017 年深圳有 341 家上市公司，在年报中专门披露研发费用的企业有 256 家，占比 75.1%，这 256 家公司研发投入合计 777.48 亿元，平均研发投入强度（研发投入总额与营业收入总额之比）为 3.95%。2017 年，深圳全社会研发投入超过 900 亿元，占 GDP 的比重提升至 4.13%。根据深圳市统计局此前公布的数据，2016 年深圳研发投入占 GDP 的比重为 4.1%，研发投入强度仅次于北京。从上述数据分析，深圳本地上市公司的研发投入强度低于全市的平均值。剔除华为这样的 R&D 活动经费投入巨头，其他工业企业研发投入强度很低，很多中小企业基本没有研发投入，这不利于深圳创新的可持续性。从研发投入的行业来分析，主要集中在电子信息产业，因为电子信息产业产值占全部高新技术产业产值的 90%。生物医药、新材料、新能源等高新技术行业研发投入强度较低，而且这三个行业产值增长率也比较低。

（五）建设生态文明城市

绿水青山就是金山银山，生态文明和经济发展是人民幸福的重要标志，生态文明和高质量的生态环境也是一个城市竞争力的体现。深圳市经历了四十多年的高速发展，随着人口的增长、经济总量的增长，经济发展中的空间、环境、资源等矛盾不断加剧。因此，深圳在建设中国特色社会主义先行示范区的过程中，在城市旧改、生活垃圾分类、生态红线、产业发展、水资源保护、土地资源利用等方面构建立体的生态文明考核体系，把生态文明建设融入经济、政治、文化、社会建设各方面，为中国生态文明建设提供经验。

（六）政府推动企业品牌和会展业发展

深圳是全国高新技术产品制造和出口大市，很多高科技产品在国际市场上占有率比较高，特别是信息技术产品在国际市场上占有一席之地。华为、中兴、大疆、研祥等品牌的产品在世界上有一定的知名度，但从总体上观察，深圳的国际品牌不多，品牌附加值不高，这与深圳发达的高新技术制造业形成较大反差。深圳在建设中国特色社会主义先行示范区的过程中，政府在促进企业品牌及与地方品牌推广紧密相关的国际会展业方面需要加大力度。政府可以通过市场化运作建立品牌及会展业发展基金，重点支持企业产品品牌和会展的国际化，提升深圳产品的品牌价值和影响力。深圳在品牌推广和会展业发展方面可以借鉴德国的经验。德国是全世界品牌推广和会展业发展最好的国家之一。德国的经验是在精细化制造产品后，政府出资支持一些研究机构进行品牌推广，整体推广德国制造形象。事实证明，德国的策略效果显著。2009 年，国际品牌咨询机构 Interbrand 发布全球品牌 100 强榜单，德国占 11 个，2019 年德国仍然有 10 个品牌上榜。

（七）完善政府现代预算制度

现代预算制度是国家治理的重要内容。深圳市财政预算改革在很多方面走在全国前列，如实施全口径预算管理、预决算公开、主动接受社会监督，在转变理财用财理念、巩固强化预算管理主体责任、深化预算编制改革、强化预算执行管理、健全预算监督管理体系、全面实施绩效管理和财政科研项目资金管理等方面改革。但在财政预算透明、公众参与、精细化预算、调节收入分配方面还需要改进，特别是科研经费投入预算和监管需要加大力度改革，建立与国际对标城市相符的现代财政预算制度，减少各部门年终收支混乱。深圳的地区生产总值增长率近五年来呈下降趋势，增长速度由 2014 年的 8.8% 下降到 2018 年的 7.6%，下降了 1.2 个百分点。一般公共财政预算收入的增长速度由 2014 年的 20.3% 下降到 2018 年的 6.2%，下降了 14.1 个百分点。2018 年，深圳市地方级一般公共预算收入 3538.4 亿元，各项转移性收入 1727.5 亿元，总收入 5265.9 亿元，各项转移性收入占全部财政收入的32.8%；一般公共预算支出4282.6亿元，加上各项转移性支出867.1亿元，总支出5149.7亿元，转移性支出占总支出的16.8%；总收支相抵后，结转结余116.2亿元。转移性收入如果减少幅度较大，将对深圳本级财政支出造成较大压力。在深圳建设中国特色社会主义先行示范区的过程中，需要增加直接的民生投入，教育、医疗、科研、最低保障等都需要投入大量财政资金。深圳市财政收入增长趋缓，收支矛盾将会加大。因此，道路公园等公用设施投入的财政预算需要重点调整，财政预算需要精细化。

（八）强化基础教育

深圳目前仍然在分享全国人口红利，但同时深圳需要支付人口红利的教育成本。强化教育体现了以人民为中心的发展理念。深圳高等教育通过引进、合作办学已经具有一定规模，基本能适应深圳市经济社会发展的需要。深圳市教育目前最大的问题是基础教育资源不足，且分布不均，优质教育资源缺乏。2018年末，深圳市有幼儿园1771所，比上年增加88所，在园幼儿52.42万人；小学344所，比上年增加2所，在校学生102.80万人；普通中学390所，比上年增加22所，在校学生44.80万人。这些资源远不能满足需要，而且优质资源紧张。根据统计，深圳市公办高中升学率不足50%。2010年，深圳小一、初一新生分别为11.8万人和8.5万人，2017年分别为18.19万人和10.82万人，增幅分别达54.2%、27.3%。随着二孩政策和深圳人口的机械增长，深圳小一和初一新生的增长趋势仍将持续。要解决深圳基础教育资源不足的问题，使全市教育均衡发展，增强居民幸福感，就要破除基础教育产业的“魔咒”，基础教育公办化。深圳由于公办教育不足，民办基础教育也没有得到较好发展。不可否认，民办教育对深圳基础教育起到了一定的补充作用，但民办教育质量不高也是一个事实，因为民办教育在师资上与公办教育存在天然的差距。因此，深圳应把民办教育纳入公共管理范围，教师由市教育局统一招聘，教师工资由民办学校支付一部分，不足部分由政府支付，实现民办学校教师与公办学校教师一样的考核、一样的待遇，保障民办学校教师的稳定性，促进优质教育均衡发展。

（九）完善医疗保险体系

随着深圳人口的增长，公共医疗卫生资源供需矛盾突出，深圳目前的医疗卫生资源远不能满足市民的基本医疗需要。2018 年末，深圳市有卫生医疗机构 3806 个，比上年增加 314 家，其中医院 139 家，比上年增加 4 家。卫生医疗机构拥有床位 47551 张，其中医院病床 43569 张。深圳市有医疗卫生技术人员 9.37 万人。按 2000 万活动人口计算，2017 年深圳市每 1 万人只有执业（包括助理）医生 17 人，低于全国平均水平。深圳不仅医生数量不足，医疗费用也增长较快。门诊病人次均医疗费用 2011 年为 142.11 元，2017 年为 246.6 元；住院病人次均医疗费用 2011 年为 6650.6 元，2017 年为 10139.5 元，平均住院天数约为 8 天，日均住院费超过 1000 元。要提升深圳医疗卫生水平需要增加报销比例和可报销的药品范围及设备检查费用。针对暂住人口由政府与保险公司合作统一办理商业保险，推进非社保人口的大病保障保险制度，让深圳大病患者活得有尊严。2019 年，全国两会将“长期护理保险”（简称“长护险”）首次写进了政府工作报告；国家医疗保障局、财政部联合发布了《关于做好 2019 年城乡居民基本医疗保障工作的通知》，将城乡居民大病保险报销比例由 50% 提高至 60%。深圳在医保方面需要加大保障力度，提高保障水平，使深圳市居民真正实现小病有保障，大病不发愁。

参考文献

1. 荣健欣、毛艳华：《“一带一路”倡议下香港伊斯兰金融中心的构想》，《港澳研究》2018 年第 3 期。

2. 《深圳加快建立现代财政制度》，《深圳特区报》2019 年 3 月 8 日。

3. 苏丁·哈伦、万·纳索非泽·万·阿兹米:《伊斯兰金融和银行体系——理论、原则和实践》，刚健华译，中国人民大学出版社，2012。

4. 米歇尔·加斯纳、菲利普·瓦克贝克:《伊斯兰金融：伊斯兰的金融资产与融资》，严霁帆、吴勇立译，民主与建设出版社，2012。

5. 中共中央宣传部:《习近平新时代中国特色社会主义思想三十讲》，学习出版社，2018。

6. 阿盖什·约瑟夫:《德国制造——国家品牌战略启示录》，赛迪研究院专家组译，中国人民大学出版社，2016。

7. 吴洁:《深圳去年空气质量优良天数345天》，《深圳晚报》2019年4月10日。

8. 国家行政学院经济学教研部编《新时代中国特色社会主义政治经济学》，人民出版社，2018。

9. 秋石:《习近平新时代中国特色社会主义经济思想的原创性贡献》，新华网，2020年1月4日。

10. 石建勋、张鑫、李永、张文辉、钟宁桦、聂文星:《新时代中国特色社会主义政治经济学》，清华大学出版社，2018。

11. 王一鸣:《新时代中国特色社会主义经济建设的行动指南》，人民网，2020年1月4日。

12. 蔡昉等:《新时代中国特色社会主义经济理论的创新与发展——学习贯彻党的十九大精神》（上），《经济研究》2018年第11期。

13. 李扬等:《新时代中国特色社会主义经济理论的创新与发展——学习贯彻党的十九大精神》（下），《经济研究》2018年第12期。

深圳建设创新引领型全球城市研究

深圳大学传播学院　马春辉

摘　要： 深圳市已经形成了创新文化环境，这是深圳创新的原动力，但仍有不少因素制约深圳创新，比如创新成本上升过快、创新资源不足等。本文最后提出了建立完备的公共服务体系，扩大对外开放，选择优势产业，加大人才吸引力度，政府引导，包容失败等加快创新的建议。

关键词： 创新城市　文化环境　全球城市

2019 年，《中共中央、国务院关于支持深圳建设中国特色社会主义先行示范区的意见》发布，明确提出深圳要在科技创新、关键核心技术方面走在全国前列，重点是关注数字货币、区块链、数字经济等技术。建设创新引领型全球城市是深圳经济特区的一个示范内容。

一　深圳的创新文化与创新不足

深圳的创新文化氛围比较浓。根据 2015 年中国社会科学院城市竞争力评价中心设计的问卷调查，深圳市居民接受新生事物快，具有较强的创新意识。在问卷调查中，34% 的专家认为深圳市居民有很强的求新观念，46% 的专家认为深圳市居民求新意识强。深圳市居民的这种求新意识来源于深圳市居民思想的多元化发展和对新事物的包容以及对科技的重视。深圳市居民的思想非常丰富多元，34% 的专家认为深圳市居民思想多元化程度很丰富，38%的专家认为丰富。深圳对于标新立异的宽容程度比其他城市更高一些。36%的专家认为深圳市居民对标新立异很宽容，50%的专家认为深圳市居民对标新立异宽容。31%的专家认为深圳市居民很重视科技教育，45%的专家认为深圳市居民重视科技教育。

深圳建设创新引领型全球城市。与国内其他城市相比，深圳建市较晚，集聚的教育科研能量有限，建设创新引领型全球城市也存在不少劣势。

（一）生活综合成本高、上升较快

深圳综合生活成本上升过快，特别是住房价格上升过快，带动了整体成本的上升。在房价和房租综合挤压下，深圳市工资增长较快。如表1所示。

表1　深圳市二级市场住宅交易价格变化情况

单位：万元/平方米，元

年份	商品房价格	住宅价格	办公楼	年平均工资
1998	5927	5191	11995	18381
2005	7582	6996	12374	32476
2006	10039	9190	15762	35107
2007	14050	13370	23535	38798
2010	20850	20297	24797	50456
2014	25700	23955	32926	72651
2015	35071	33406	46327	81034
2016	52777	53455	52529	89757
2017	54430	54455	49977	100173
2018	54090	54120	55173	111709
2019	55250	54741	58030	127757

资料来源：深圳市统计局。

1998～2018年，深圳市的工资水平迅速上涨，与房价上涨高度相关。从经济发展方面分析，深圳市处于经济快速发展期，房价在短期内推高了工资水平，从整体上推高了当地的营商成本，可见深圳房价增长推动工资上涨。深圳市商品房价格从 1998 年到 2018 年的 20 年间年均增长率为 11.7%，而同期的工资年均增长率为 13.3%，工资年均增长率高于房价年均增长率 1.6 个百分点。

（二）创新资源不足

一个城市的创新资源是指能用于支持创新能力提升的各种要素，包括人力、物力、财力等方面的投入要素。在诸多创新要素中，深圳市创新所需的人力要素相对稀缺。根据《中国城市科技创新发展报告 2017》，深圳创新能力总体排全国第 3 位，但在创新资源方面，深圳排在第 25 位①，主要原因还是创新人力资源不足。

（三）对外研究合作较少

一个创新引领型全球城市一定是开放度比较高的城市。开放带来的优势是知识的外溢。深圳经济的发展和技术进步，一方面是因为开放，另一方面是因为改革，改革的实质也是开放。深圳产业开放程度高，但在科研合作方面开放程度不高，有待进一步提高。开放也要对所有资本开放，提高全社会参与国际创新中心建设的强度。

（四）科研制度建设还有差距

深圳制度建设、法治建设、政府效率等方面在国内做得比较好，但是与创新引领型全球城市相比仍有明显差距，尤其在知识产权保护、创新管理、前瞻性科研项目规划管理、公共服务等方面差距较大。2017 年，在推出“深圳 90”改革前，深圳有关单位对投资项目建设情况进行了调查，调查结果显示，深圳市政府部门办理施工许可所花时间为 267 天，比全国平

① 资料来源：《中国城市科技创新发展报告 2017》。

均时间少 20 天。

二　深圳建设创新引领型全球城市的路径

深圳建设创新引领型全球城市的参照有伦敦、纽约、新加坡等。澳大利亚智库 2thinknow 发布的《全球创新城市指数 2015》对 2015 年全球 400 多个城市的创新能力进行了评价和排名，并根据评价结果将全球创新城市分为 5 个等级，包括支配型城市、枢纽型城市、节点型城市、影响力城市和潜力城市。其中，支配型城市是全球创新城市的最高层次，是指在多种经济和社会创新要素中具有关键支配作用的城市；枢纽型城市是指在关键经济和社会创新要素中具有优势主导地位的城市；节点型城市是指在很多创新要素方面表现优异的城市；影响力城市是指在部分创新要素方面具有竞争力的城市；潜力城市是指在一些新的创新要素方面具备向影响力城市靠拢条件的城市。①

创新引领型全球城市本质是指全球科技创新资源密集、科技创新活动集中、科技创新实力雄厚、科技成果辐射范围广，从而在全球价值网格中发挥显著增值功能并占据领导和支配地位的城市或地区。② 深圳怎样建设创新引领型全球城市和全球科技创新中心？国际上关于全球科技创新中心并无统一、权威的评价。澳大利亚智库 2thinknow 发布的《全球创新城市指数》评选的全球创新城市基本上代表了全球科技创新中心的发展方向，其空间分布也基本反映了全球科技创新中心的空间格局。全球创新城市评价指标体系涉及人文、文化、政治、科技等诸多方面，由 3 个一级指标、31 个二级指标和 162 个三级指标组成。其中，3 个一级指标分别是文化资产（cultural assets）、人文基础设施（human infrastructure）和促进创新的市场网络

① 袁永、郑芬芳、郑秋生：《广东建设全球性科技创新中心研究——基于全球创新城市指数》，《科技管理研究》2017 年第 7 期。

② 杜德斌、何舜辉：《全球科技创新中心的内涵、功能与组织结构》，《中国科技论坛》2016 年第 2 期。

(networked markets)，充分衡量了创新的广义内涵，既包括科技创新，也包括文化创新、管理创新、制度创新等，能够全面系统地评价城市创新发展情况。[①]

目前，上海、北京、江苏均提出了建设全球科技创新中心的目标和规划政策。上海提出建设全球科技创新中心的目标，经专业机构调研，上海提出的建设全球创新中心的目标是形成五大功能中心，即全球领先知识的创造与传播中心、全球领先技术的研发集聚中心、高科技领先企业的全球性集聚中心、科技创新资源的全球性配置中心、科技创新成果的全球性转化中心；以及形成三种影响力：一是在全球前沿科技、关键技术的创新研发上形成全球影响力；二是在全球前沿科技带动产业变革、驱动经济发展上形成全球影响力；三是在全球前沿科技创新资源的集聚、配置上形成全球影响力。

深圳市建设创新引领型全球城市应是支配型城市。从实现全球科技创新中心的路径分析，全球科技创新中心主要有三种类型。第一种是政府扶持型全球科技创新中心。对于政府而言，前期大量投资于一个“有前途”的行业需要政府具有前瞻性的眼光和果断的投资决策，归功于政府“英勇赌注”的著名全球科技创新中心并不少，如中国台湾的新竹、德国的德累斯顿以及新加坡等国家和地区。第二种是市场导向型全球科技创新中心。这类城市成为全球科技创新中心是因为用廉价劳动力和广阔的市场换取技术溢出，发展中国家为发展本国经济、抓住全球投资转移的时机，在一些具有区位优势的城市和地区大力吸引跨国公司进驻，印度的班加罗尔是这一类城市的典型代表。第三种是知识绿洲型全球科技创新中心。这类城市拥有世界一流大学或者研发机构，知识和技术是这类城市的优势资源。这类城市成长需要通过引进一批具有冒险精神的企业家，以便架起知识创新和商业化之间的桥梁，但本质上属于大学驱动型。

---

① 袁永、郑芬芳、郑秋生：《广东建设全球性科技创新中心研究——基于全球创新城市指数》，《科技管理研究》2017 年第 7 期。

深圳市建设创新引领型全球城市的路径应结合上述三种全球科技创新中心的优点，进一步发挥市场配置资源的决定作用，政府营造良好环境、支持大学和科研机构的发展，“三驾马车”共同驱动深圳市建设创新引领型全球城市。

深圳建设创新引领型全球城市的路径有建立完备的公共服务体系、扩大对外开放、选择优势产业、优化软环境和政府引导，这五个方面也是创新引领型全球城市的基本要素。

（一）建立完备的公共服务体系

公共服务通常用来指由政府向公民提供的服务，公共机构提供基本公共服务是指建立在一定社会共识基础上，旨在保障个人最基本的生存权和发展权、维持经济社会稳定，而在某一时期向公民普遍提供最小范围和最低标准的服务。广义上的公共服务还包括与人民生活外部环境紧密关联的交通、通信、公用设施、环境保护等领域的公共服务，以及保障安全需要的公共安全、消费安全和国防安全等领域的公共服务。中央巡视组对深圳巡视的意见也提到了教育、医疗等公共服务不均衡，群众对看病难、上学难意见很大。深圳在公共服务方面需要加强教育、就业、社会保障、医疗卫生、住房、文化体育、公用设施、垃圾处理、环境保护等领域的投入，从总体上提升对人才的吸引力。

（二）扩大对外开放

开放对一个地区的技术发展起到催化剂的作用。中国改革开放初期以市场换技术，现在虽然本土企业已经具备一定的技术水平，但在产业升级过程中，扩大对外开放仍然是技术进步的重要方式。全球科技创新中心的形成与对外开放密切相关。深圳在进一步扩大对外开放中，要继续坚持通过利用外资引进技术的战略，强化对引进技术的消化，加大技术创新和人才培养力度，夯实和提升技术创新能力。[①]

① 唐未兵、傅元海、王展祥：《技术创新、技术引进与经济增长方式转变》，《经济研究》2014 年第 7 期。

（三）选择优势产业

深圳在“九五”期间就提出要发展电子信息产业、新材料、生物工程等产业。但二十多年过去了，真正发展较好产业仍然只有电子信息产业。在未来相当长时期内，信息产业仍然是深圳建设全球科技创新中心的基础产业。全球科技创新中心可以是综合型创新中心，也可以是专业型创新中心。不论哪一种类型，总体上是遵循比较优势。深圳目前还不可能在所有科技领域处于世界领先地位，这就需要有选择地重点发展一些具有比较优势的产业，尽快建成创新引领型全球城市。世界上多数的经济中心城市最终都发展成为全球科技创新中心，中国一些经济发达地区也已具备建设全球科技创新中心的条件，但同时要重视结合本地特色进行布局。①

（四）优化软环境吸引人才

深圳硬环境与国内外科技创新中心比较差别不大。把深圳的基础设施与伦敦、纽约、旧金山、新加坡等地的基础设施比较毫不逊色，主要还是软环境方面的差距。这种软环境的差距主要表现在人文素质、法治体系等方面。深圳市人口主要来自国内各地移民，整体素质较高。但是，深圳人文素质还有待提升。深圳研究机构中人文研究不够发达，人文基础设施建设滞后，这一状况与创新引领型全球城市差距较大。深圳市法治环境比国内其他城市要好，但要建设创新引领型全球城市还需要进一步完善法治环境，加快法治与创新引领型全球城市接轨的步伐。

（五）政府引导

政府要引导前瞻性重大科学研究课题和技术平台开发研究。深圳市政府已经支持了一些重大科技项目和技术平台，但有些理念还需要更新。政

---

① 熊鸿儒：《全球科技创新中心的形成与发展》，《学习与探索》2015 年第 9 期。

府需要制定一系列支持科学研究攻关项目的政策，破解高新技术企业存在的关键零部件、核心技术、重大装备相关的难题。政府主要支持重大科学研究活动，技术开发活动则要依靠市场。因为政府支持两种不同的研究活动产生的效率不同。政府支持科学研究在长期内对提高全要素生产率存在促进作用，而政府直接支持技术开发对提高全要素生产率不存在促进作用。当政府支持力度超过阈值时，科学研究对全要素生产率产生显著促进作用。尽管政府直接支持技术开发对提高全要素生产率没有促进作用，但适度支持仍然是必要的，政府支持力度在合理范围内，可弱化技术开发对提高全要素生产率的抑制作用，反之则会强化这一抑制作用①。也有研究表明，产品创新效率与知识创新效率之间有明显的价值链外溢效应，产品创新效率和科研创新效率之间也有明显的价值链外溢效应，而科研创新效率与知识创新效率之间没有较为明显的价值链外溢效应。因此，政府对于创新活动支持应有所区别。

政府要支持技术平台开发。2011 年美国创新战略强调对若干重点领域研发环节的投入支持，政府支持重要研发平台能够有效缩短重要材料、产品和系统的设计、生产、测试周期，减少开发成本。2015 年美国创新战略提出重建“产业公地”，以此创造新技术和提升下一代制造能力，强调重建制造商、技术诀窍、全国供应链、教育机构、本地劳动力和金融机构之间的联系，推动新工具、新商业模式和新投资模式的建立，降低资本密集型产业创业创新成本，把实体经济发展作为美国经济持续增长和高质量就业的基石。

参考文献

1. 乔治·斯蒂纳、约翰·斯蒂纳：《企业、政府与社会》，张志强、王春香译，华夏出

① 叶祥松、刘敬：《异质性研发、政府支持与中国科技创新困境》，《经济研究》2018 年第 9 期。

版社，2002。

2. 默里 · L. 韦登鲍姆著《全球市场中的企业与政府》，张兆安译，上海三联书店、上海人民出版社，2002。

3. 琳达 · 岳：《中国的经济增长》，鲁冬旭译，中信出版集团，2015。

4. 程惠芳、陈超：《开放经济下知识资本与全要素生产率——国际经验与中国启示》，《经济研究》2017 年第 10 期。

5. 唐未兵、傅元海、王展祥：《技术创新、技术引进与经济增长方式转变》，《经济研究》2014 年第 7 期。

6. 杜德斌、段德忠：《全球科技创新中心的空间布局、发展类型及演化趋势》，《城市研究》2015 年第 1 期。

7. 叶祥松、刘敬：《异质性研发、政府支持与中国科技创新困境》，《经济研究》2018 年第 9 期。

8. 余泳泽、刘大勇：《我国区域创新效率的空间外溢效应与价值链外溢效应——创新价值链视角下的多维空间面板模型研究》，《管理世界》2013 年第 7 期。

9. 熊鸿儒：《全球科技创新中心的形成与发展》，《学习与探索》2015 年第 9 期。

10. 袁永、郑芬芳、郑秋生：《广东建设全球性科技创新中心研究——基于全球创新城市指数》，《科技管理研究》2017 年第 7 期。

深圳市创新范式

——基于市场诱致性创新范式的研究

深圳大学传播学院　马春辉

摘　要： 本文分析了深圳创新活动的绩效。由于深圳城市的特殊性，创新能力快速提升，深圳在较短时间内成为全国和世界创新城市，主要是由于市场化改革的力量、政府放松管理和适度参与创新活动、新兴产业的吸引力和移民提供了人力资源保障。

关键词： 创新体系　市场诱致性创新范式　深圳　创新能力

深圳是中国最具有创新能力的城市。2019 年深圳市开具了全国第一张区块链电子发票，率先实行了"i 深圳"区块链运营。根据建设中国特色社会主义先行示范区的要求，深圳要强化产学研深度融合的创新优势，建设综合性国家科学中心，在粤港澳大湾区全球科技创新中心建设中发挥关键作用。深圳在建设 5G、人工智能、网络空间科学与技术、生命信息与生物医药实验室等重大科技创新项目中发挥了重要作用。深圳市实施关键核心技术攻坚行动，夯实产业安全基础。深圳经济经历了四十多年发展，从地区生产总值不足 1 亿元到 2019 年突破 2.5 万亿元，年均增长速度达 10%；人均地区生产总值超过 3 万美元；财政收入由原来的几千万元增长到现在几千亿元；城市总人口从不足 2 万人增长到现在的 1800 万人。

深圳经济特区从1978年建市到2019年已经有四十多年，从一个不知名的边境小镇发展成为国际化大都市，根本原因是创新驱动。探索深圳创新经验，可以为全国创新提供示范作用。

一 有关创新发展的论述

创新是一个不断演化的概念。熊彼特在其1912年出版的著作《经济发展理论》中第一次将“创新系统”引入经济体系中。创新是生产函数的改变。熊彼特认为，所谓创新就是要“建立一种新的生产函数”，它要求生产要素或生产条件“重新组合”。[①] 创新是资本主义经济增长和发展的动力，没有创新就没有资本主义的发展。在熊彼特创新概念的基础上，有人提出了区域创新、国家创新等。而创新场的概念比较好地解释了为什么欧美创新活动发达，而其他地区落后，根本原因在于欧美发达的创新场规范。深圳从一个边境小镇发展成为现代化国际大都市，原因在于深圳重视创新场的建设和规范。

国家创新系统（NIS）概念产生于20世纪80年代。国家创新系统理论第一次出现是在克里斯托夫·弗里曼于1987年出版的著作《技术政策与经济绩效：日本国家创新系统的经验》。克里斯托夫·弗里曼阐述该理论来源于德国著名经济学家弗里德里希·李斯特在1841年出版的《政治经济学的国民体系》中所提出的“国家体系”概念，“国家体系”启发了国家创新系统理论的提出和发展。[②] 国家创新系统理论可以分宏观和微观两个主要学派。以弗里曼和纳尔逊等人为代表的宏观学派侧重于从国家宏观制度方面比较各国在创新系统上的差别；以伦德瓦尔等人为代表的微观学派则从创新系统的组成要素层面探讨企业、大学及科研机构等创新主体之间的相互关系。

---

① 约瑟夫·熊彼特：《经济发展理论》，何畏、易家祥、张军扩等，商务印书馆，1990。

② 克里斯托夫·弗里曼：《技术政策与经济绩效：日本国家创新系统的经验》，张宇轩译，东南大学出版社，2008。

创新系统（innovation system）概念是伦德瓦尔（Lundvall）在20世纪80年代中期提出的，创新系统由相互联系的机构组成，包括政府、学术界、私人部门、市场、社会、政治系统和文化领域的机构。[①] 这些机构在经济运行中相互联系，促进了学习的过程和新知识的产生。

克鲁格曼、波特认为在全球化条件下区域是竞争优势的一个重要来源。区域创新系统（RIS）作为国家创新系统研究的一个重要内容由英国卡迪夫大学的库克（Cooke）教授提出，他认为区域创新系统是由地理上相互分工和关联的生产企业、研究机构和高等教育机构等构成的区域性组织体系，这种体系支持并产生创新。一个成功的区域创新系统需要有完善的市场经济体制、适度的政府干预和合理的自主创新。[②]

网络的概念起源于20世纪六七十年代，英国哈兰德（Harland）提出网络的概念通常被描述为一种金属线、纤维线等连接成的网。20世纪八九十年代，网络和结网的概念被广泛地应用于描述不同表现形式的行为主体间的联系。[③]

从创新概念的演变来看，我们可以发现创新是一个动态的概念，可以是点的创新，即微观方面的创新；也可以是面的创新，即宏观创新、区域创新。深圳市创新范式是一个区域创新的概念。

二　深圳的创新范式

深圳建市之初，没有任何产业基础，计划经济并没有给这个边境小镇留下经济遗产。计划经济在本地处于弱势，这给市场留下了发展空间。针对当时的实际情况，深圳主要利用香港资源发展服务贸易、加工工

---

① Lundvall B.，"Innovation as an Iteractive Process：From Free User－Producer Iteraction to the National System of Innovation，" *African Journal of Science，Technology，Innovation and Development*（2019）/（2&3）10－34.

② Cooker P，Uranga M G.，"Regional Innovation Sastem：Lnstitutional and Organization Dimensions，" *Research Policy*，1992（26）

③ 卢福财、周鹏：《外部网络化与企业组织创新》，《中国工业经济》2004年第2期。

业。这些产业层次低，都是外向型经济。随着经济特区的建设加速，1985 年深圳经济特区初步具有了承接对外加工贸易的能力。外资企业增加，内资企业也有了一定的数量，市场经济发展到一定规模，自身会出现一些问题，这些问题反过来诱致政府进行制度创新，政府通过市场信号制定规则、引导资源配置，放松管制。政府的制度创新又会激发市场创新的活力。市场促进创新、移民、产业；政府影响产业、创新、移民，产业和移民为创新提供支持。四位一体的创新模型如图 1 所示。

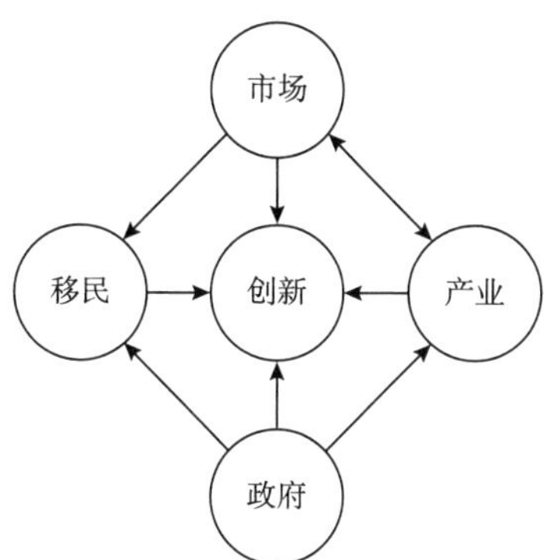

图 1　四位一体的创新模型

（一）市场

深圳是中国改革开放最早的城市之一。开放的实质是探索市场经济的过程，中国的开放对象主要是发达的市场经济国家和地区。对市场经济国家开放就要适应市场规则。开放给当时的深圳带来的最大冲击就是市场经济的观念。蛇口工业区的口号“时间就是金钱，效率就是生命”就是袁庚 1978 年主持招商局工作期间对香港市场经济观察得出的结论。蛇口工业区提出的这一口号，是一次思想观念的解放。1981 年，中央指出深圳经济特区是学习外国资本竞争，学习按经济规律办事，学习现代化管理的学校。随后，邓小平又高度概括为特区是个窗口，技术的窗口、管理的窗口、知识的窗口、对外政策的窗口。开放可以给发展中国家带来四个方面的收益，即思想观念、商品与服务、资本、制度方面的收益。[①] 中国的改革开放带来的主要还是思想观念和制度方面的收益。

深圳民营经济是在计划经济比较薄弱的情况下发展壮大的。民营经济发展是市场竞争的结果。民营企业发展，企业必须盈利，要盈利就需要管理创新和技术创新。深圳经济特区建立初期，引进了一些“三来一补”（来料加工、来件装配、来料制造和补偿贸易）企业、发展中外合资企业，这些企业主要面向国际市场，产品一律外销。由于企业的民营性质，政府对企业经营活动干预较少。深圳以发展民营经济为主导。2004 年 12 月 31 日第三次全国基本单位普查，深圳民营企业占 73.3%。民营企业、外资企业、港澳台企业合并计算，超过了 80%，具体见表 1。

表 1　2004 年按企业性质划分主要类型法人单位数量及比重

单位：个，%

企业类型	法人单位数	比重
国有企业	1108	2.1
其他有限公司	4836	9.0
民营企业	39424	73.3
港澳台企业	5894	11.0
外资企业	2540	4.7

资料来源：深圳市统计局。

2009 年，深圳市规模以上民营企业、港澳台企业、外资企业总量占全部企业的 93%，三者工业总产值占全部工业总产值的 84%。2016 年，深圳市民营企业、其他有限公司、港澳台企业、外资企业四者合并占全部工业总产值的 86.5%。在深圳市民营企业中，中小企业数量占比相当大。中小企业的创新造就了大企业，即使在美国，80% 的新开发技术也是由中小企业创造的，微软、苹果、谷歌这样的行业巨头最初都是小企业。欧盟小企业

① 丹尼·罗德瑞克：《让开放发挥作用：新全球经济与发展中国家》，中国发展出版社，2000。

人均创新成果是大企业的2倍，单位R&D产生的成果数量是大企业的3~5倍。2020年，深圳民营经济占地区生产总值的比重达80%。

市场对深圳创新的影响还表现在对技术的吸引力上。根据深圳市技术转移交易指数，过去12年，尽管经历了金融危机，深圳市的技术转移交易市场持续活跃。深圳市的技术转移交易整体活跃，创新动力较高。2007~2015年，深圳市技术转移交易指数均高于60，表明这期间技术转移交易增长非常迅速。2016年之后，深圳市技术转移交易指数接近60，表明深圳市技术转移交易市场较稳定。电子信息领域的技术转移交易占深圳市技术转移交易的近90%，其中软件行业技术转移交易占电子信息领域技术交易的90%，两者的活跃程度几乎相当，近几年来进入稳定增长阶段；其他行业的技术转移交易指数波动较大，活跃程度表现不稳定。[①]

（二）产业

改革开放前，深圳在发展经济的过程中获得的经济资源较少，在历次经济计划中都没有纳入国家大项目布局范围。这就给改革开放后的深圳产业留下较大的选择空间。不论内联企业还是外资企业，选择的产业都是当时比较新兴的产业或国际转移的产业。深圳当时利用产业发展空间，内联企业和外资企业、民营企业主要发展信息技术产业。2009年，深圳市电子信息产业产值占规模以上工业总产值的59%。2012年，深圳市电子及通信设备制造业产值2011.90亿元，占工业总产值的56.3%。2017年，深圳市电子信息产业仍占65%。随着国家实施“制造2025”，深圳市近年来大力发展七大战略性新兴产业。但仍然以电子信息产业为主导。2017年，深圳市七大战略性新兴产业增加值合计9183.55亿元，占GDP的40.9%。其中，新一代信息技术产业增加值4592.85亿元，互联网产业增加值1022.75亿元，这两项合计占七大战略性新兴产业的61.1%。加入WTO

---

① 《深圳市技术转移交易指数发布》，深圳市统计局网站，2018年4月4日。

后，中国市场进一步对外开放，市场促进内资和外资企业共同进行技术创新，深圳市本土企业边干边学，促进技术创新。专利发展情况、高新技术产业增加值情况、研发投入等都体现了加入世界贸易组织（WTO）后，深圳创新活动加速发展。我国于 2001 年 12 月 11 日正式加入世界贸易组织，从 2002 年起，深圳市高新技术产业加速发展，专利、研发、创新载体都快速发展，如表 2 及图 2 所示。

表 2　1991～2019 年深圳市专利发展情况

单位：件

年份	申请总量	授权总量	PCT 申请总量
1991	261	160	0
1995	1104	721	0
2000	4431	2401	1
2010	49430	34951	5584
2016	145294	75043	19648
2019	261500	166600	17459

资料来源：深圳市统计局。

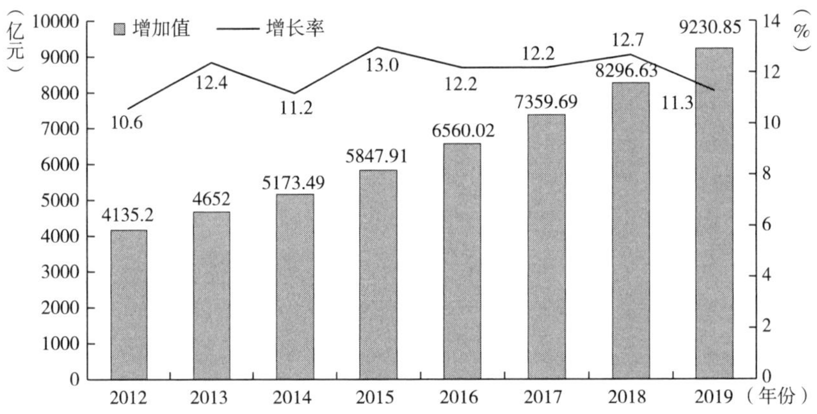

图 2　2012～2019 年深圳高新技术产业增加值及增长率

资料来源：深圳市统计局。

随着中国对外开放程度的加深，深圳企业面临跨国企业的竞争，只有加大研发投入，提升产业的竞争优势，才能在国际竞争中处于优势地位。深圳市 R&D 经费投入比例比较高，但主要来自大企业的 R&D 经费投入，中小企业 R&D 经费投入较少，2012～2019 年深圳市国家级高新技术企业数量及 R&D 经费投入情况如图 3 所示。

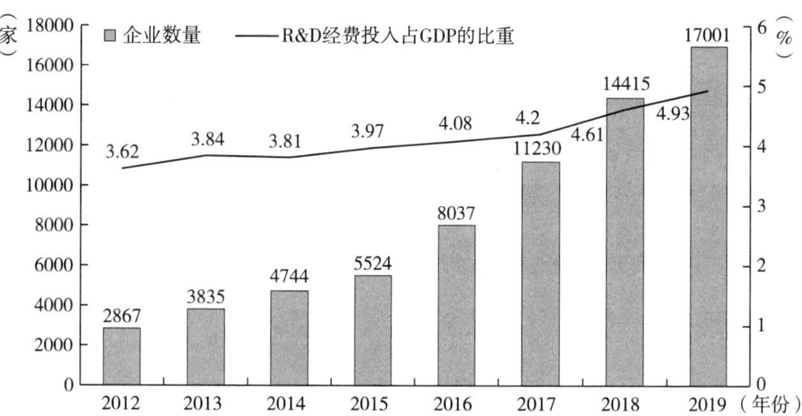

图 3　2012～2019 年深圳市国家级高新技术企业数量及 R&D 经费投入情况

资料来源：深圳市统计局。

近年来，深圳研发投入不断增长，直接带动了各类科研载体数量的增加。2010～2019 年，创新载体增长了 4.4 倍。如表 3 所示。

表 3　2010～2019 年深圳创新载体情况

单位：个

	2010 年	2011 年	2012 年	2013 年	2014 年	2015 年	2016 年	2019 年
国家级	41	57	61	72	73	80	94	116
省级	20	32	45	73	76	129	165	604
市级	358	474	654	821	958	1074	1234	1537
合计	419	563	760	966	1107	1283	1493	2257

资料来源：深圳市统计局。

市场诱致产业竞争，产业竞争推动市场技术发展。由于市场诱致和历史的原因，深圳缺少基础科学研究，深圳技术创新都是市场和产业结合的应用型技术创新。由于特殊的产业发展基础，电子信息产业形成了集群发展模式。1972 年初，宝安县机电厂更名为深圳无线电厂，开始生产农用黑光灯、收音机、扩音器和调压器等简单电子产品。1979 年 3 月 15 日，广东省华侨农场管理局与香港港华电子有限公司在北京签约，组建了一个由归侨人员组成的为港华电子有限公司加工电子产品的光明华侨电子厂；同年12月25日，经国务院外国投资委员会批准，将准备从事来料加工的光明华侨电子厂更名为“广东省光明华侨电子工业公司”，即现在的深圳康佳集团股份有限公司，这是深圳第一家也是我国第一家中外合资电子工业企业。后来广东省内的一些国营电子小厂、军工电子小厂转入深圳，成为深圳建市后由部委和广东省在深推动的第一批电子信息产业企业，由此拉开了以“三来一补”起家的深圳电子工业迅速崛起的序幕。2020年，深圳有21家企业进入百强企业，11家进入软件百强企业，在排名前十的企业中，深圳企业华为、中兴、比亚迪占了3席。

（三）政府

政府和企业是现代社会两大最主要的公共机构。政府和企业都有特定的力量，任一方都需要另一方支持。深圳市研发基础薄弱，政府没有直接参与科研项目，而是在某个产业发展形成了一定基础且能够在未来成为主导产业后，深圳市政府才加以引导，促进产业快速、健康发展。深圳市政府采取的主要方法是政府制定规则。1987年，深圳市颁布《深圳市人民政府关于鼓励科技人员兴办民间科技企业的暂行规定》，允许科技人员用专利等知识产权入股。这份文件成为中国民营科技企业的“准生证”。自2008年以来，深圳制定出台了全国首部国家创新型城市总体规划，率先发布促进科技创新的地方性法规，先后出台自主创新“33条”、创新驱动发展“1+10”文件，建立鼓励创新的容错机制，形成覆盖自主创新体系全过程的政策链。迈入新时期，深圳打造可持续创新生态，“基础研究+技术开发+成果转化+金融支持”的创新链逐步成熟。2018年3月，首期规模为50亿元的深圳天使母基金正式成立。截至2017年10月底，深圳创业投资引导基金共评审通过101只子基金，承诺出资587亿元，全国领先。政府的“有形之手”以符合市场规律的方式介入创新活动，助力打造现代化经济体系。

企业上市融资是政府引导企业的一种手段。深圳市较早引入股份制和股票交易所，深圳市政府充分发挥证券交易所的作用。2017 年 12 月 31 日，A 股上市公司注册地在深圳的共有 272 家，占全国上市公司总数的 7.85%。深圳市上市公司分布在 12 个行业大类中，制造业样本公司数量为 160 家，占 58.8%。按控股股东性质划分，国有控股上市公司 53 家，占比 19.5%，民营控股上市公司 207 家，占比 76.1%；外资控股上市公司有 8 家，占比 2.9%；其他类型控股上市公司 4 家，占比 1.5%。由于深圳上市公司中民营企业占比较大，深圳上市公司治理水平总体上较高，治理指数达到 64.02%，比同期全国上市公司治理指数的 63.02% 高出 1 个百分点。分行业来看，2018 年评价排名中，金融业和信息传输、软件和信息技术服务业以及制造业等行业治理状况相对较好。深圳市公共事业相关的上市公司治理水平较低，水利、环境和公共设施管理业，建筑业以及综合和房地产业上市公司治理水平总体仍然偏低。①

政府搭建技术服务平台，促进企业技术创新与技术转化。全国高交会平台是一个典型的政府促进创新的服务平台。1999 年第一届高交会展览总面积达 20200 平方米，参展企业 2856 家，参展项目 4150 个。2019 年第二十一届高交会展览总面积达 20 多万平方米，参展企业 5000 家，展示的高新技术项目达 15000 多项。

新企业孵化器是一种新型的技术促进者。20 世纪 70 年代中期，孵化器为刚起步的企业提供支持环境。孵化器的基本形式是为新企业提供开发和管理支持。要成为孵化器的成员，企业家需提出商业申请，被接纳后孵化器一般向成员企业提供场地和管理咨询支持。作为交换条件，孵化器创办者和支持者在新企业中得到一定股份。深圳市政府虽然不直接参与创新活动，但是通过创办新企业孵化器和各种产业基金间接参与了企业创新活

① 《深圳民营控股上市公司占比超七成》，《深圳特区报》2018 年 10 月 10 日。

动。《2014 国家新兴产业创投计划年度报告》显示，深圳 6 只引导基金有效支撑了企业自主创新。截至 2013 年末，6 只基金所投全部 44 个项目的专利数量由投资前的 411 项增加至 863 项，增幅 110%，且经济效益显著。深圳市是全国产业运作较早市场化的地区之一，为创新企业提供了融资渠道。2017 年 12 月，深圳市财政拨付深圳市引导基金投资有限公司（以下简称“市引导基金公司”）的 100 亿元注册资本金登记为股权投资。截至 2017 年 12 月底，深圳市创新投有创业股权投资项目 896 个，投资总额 266.71 亿元。①

回顾中国四十多年改革和深圳经济特区建设历程，最主要的经验就是不断改革政策和对经济社会的管理体制。从计划经济体制到市场经济体制，根本的改革就是改革政策管理体制，其实质是从单一的管制政府向服务型政府转型。深圳经济特区从建立经济特区开始就是要实行“大社会、小政府”，充分发挥市场参与主体的积极性。深圳经济特区在探索中国特色社会主义市场经济过程中怎样利用市场配置资源是一个决定性的问题。

经济发展无非是供给和需求两个方面的作用。不论哪个方面占主导，激发社会投资始终是经济增长的一个主要动力。几十年来，深圳市在激发社会投资方面进行了大量的改革，而且有很多改革措施对全国探索投融资体制改革起了排头兵的作用。深圳市经济总量由占全国 GDP 比重不到 0.01% 到现在将近 3%。深圳经济总量的快速扩张，最主要得益于深圳的改革开放政策。随着全国全面深化改革开放战略的实施，如何继续发挥排头兵的作用是深圳面临的问题。

深圳经济特区四十多年来的改革开放，遵循的基本逻辑是由计划经济向市场经济转轨，在这个过程中最核心的就是政府行政审批制度改革，这

① 《深圳市 2017 年度本级预算执行和其他财政收支审计工作报告》，深圳市人民政府网站，2018 年 8 月 29 日。

一改革措施实质上是逐步将政府的权力关进“笼子”里，建立服务型政府、优化营商环境和尊重市场主体的过程。

深圳市政府每一次改革都是向服务型转变，放松管理，政府不直接参与经济活动。2018 年“深圳 90”改革的根本目的是放松管理。《深圳市政府投资建设项目施工许可管理规定》和《深圳市社会投资建设项目报建登记实施办法》两份文件出台，目的就是进一步提升建设项目审批效率，深化“放管服”改革，优化营商环境。

市场经济要求效率，减少政府干预。深圳市政府对于创新活动的直接投入很少，90% 的研发投入来自企业自主投入。深圳市政府只是适当介入和引导创新活动。当政府支持力度超过阈值时，科学研究对全要素生产率产生显著的促进作用；尽管政府直接支持技术开发对提高全要素生产率没有促进作用，但适度支持仍然是必要的，政府支持力度在合理范围内，可弱化技术开发对提高全要素生产率的抑制作用。本文研究表明政府支持要有针对性，应大力支持科学研究，放手让企业和市场进行技术开发。这样不仅可以规避异质性研发产生的不良后果，且有助于破解中国科技创新困境。①

（四）移民

市场诱致了创新文化，移民的特点促进了创新。深圳的人口结构有利于创新文化的形成。2016 年，深圳市人口年龄中位数为 31 岁，其中，男性的年龄中位数为 30.72 岁，女性的年龄中位数为 31.31 岁。年轻人遇上年轻的城市，激发了创新精神，促进了创新过程。一般来说，20～35 岁是最有创新精神的阶段。深圳是移民城市，人口的主体是外来移民，外来移民天生具有冒险精神。深圳人口增长情况见表 4 所示。

---

① 叶祥松、刘敬：《异质性研发、政府支持与中国科技创新困境》，《经济研究》2018 年第 9 期。

表 4　深圳人口增长情况

单位：万人

年份	年末常住人口	年末常住户籍人口	年末常住非户籍人口	年末社会劳动者总量
1979	31.41	31.26	0.15	13.95
2019	1343.88	494.78	849.10	1283.37

资料来源：深圳市统计局。

到“十二五”期末，深圳技术技能人才总数为421.3万人，其中专业技术人才135.3万人，技能人才286万人。对市外在职人才引进统一采用综合评价、量化积分的方式，共引进市外人才68.45万人，其中接收高校应届毕业生30.6万人，引进在职人才37.85万人①。2020年，深圳市人才总量已达600万人。

从全球范围来看，移民国家和地区更容易培养出强大的创新或创业能力。截至2016年1月1日，全美87家逾10亿美元的新创公司中，有44家（占50.6%）的创办人是移民。1901~2016年，各国共有911人次获得诺贝尔奖，美国获奖者有350个，其中100多名获奖者出生于美国之外的其他国家。2010年美国《财富》“500强”企业名录中有40%的企业是由移民或移民子女开办的，雇员共有360万人。新兴产业的大公司大部分是移民创办的。美国开放的移民政策对吸引高端科技人才有至关重要的作用。获得诺贝尔奖的移民数在1901~1959年和1960~2016年这两段时间内呈现巨大差异，主要原因在于美国对移民法律进行了改革。1965年的《美国移民和国籍法》（Immigration and Nationality Act）终结了阻止世界上大部分地区人口进入美国的限制性“国籍”配额指标，1990年的《美国移民法案》（Immigration Act）增加了工作绿卡的移民配额指标，这些法规使得美国对世界上其他地区的留学生更为开放。1960年以后，美国高等教育机构和研究者的声誉和能力得到了整体提升。这些因素使得美国在许多

① 《深圳市人力资源和社会保障事业发展“十三五”规划》，深圳市人民政府网站，2016年9月26日。

科技领域成为全球研究精英的首要目的地。①

深圳市是中国最早实行户籍制度改革的城市，深圳户籍制度的改革带来了人口持续流入，全国各地大量人才移入深圳，特别是邓小平南方谈话后，各类人才大量移入深圳，给深圳带来了创新活力。深圳现在的支柱企业都是由移民创立的。华为、平安、腾讯、万科、研祥等优秀创新企业为典型代表。这些企业也代表了深圳移民文化与创新文化。

三　总结

影响一个地区创新的因素非常复杂。深圳创新的动力来源于市场、政府、企业各自发挥能动性，互相影响和协调，三者在中国特色社会主义市场经济中是伙伴关系。深圳的创新活力来源于市场，开放的市场是创新的第一动力。政府服务创新、放松对市场的管制为创新活动提供牵引力，移民为创新提供了人力资源保障，产业选择是激发创新的基础。

参考文献

1. 约翰·伊特：《新帕尔格雷夫经济学大辞典》（第三卷），经济科学出版社，1996。
2. 王佑镁、陈赞安：《从创新到创业：美国高校创客空间建设模式及启示》，《中国电化教学》2016 年第 8 期。
3. 杨建新、孙宏斌、李双寿、付志勇、顾学雍：《美国高校创新教育实验室和社会创客空间考察》，《现代教育技术》2015 年第 5 期。
4. 郑燕林：《美国高校实施创客教育的路径分析》，《开放教育研究》2015 年第 3 期。
5. 沈桂龙：《美国创新体系：基本框架、主要特征与经验启示》，《社会科学》2015 年第 8 期。
6. 约瑟夫·熊彼特：《经济发展理论》，何畏、易家祥、张军扩等，商务印书馆，1990。
7. 克里斯托夫·弗里曼：《技术政策与经济绩效：日本国家创新系统的经验》，张宇轩译，东南大学出版社，2008。

① 中国科协创新战略研究院：《创新研究报告》（第 2 期），2017 年 1 月 5 日。

8. Lundvall B. , "Innovation as an Iteractive Process: From User – Producer Iteraction to the National System of Innovation," *African Journal of Science*, *Technology*, *Innovation and Development* (2019)/(2&3) 10 – 34.

9. Cooker P, Uranga M G. , "Regional Innovation Sastem: Lnstitutional and Organization Dimensions," *Research Policy*, 1992 (26)

10. 卢福财、周鹏:《外部网络化与企业组织创新》,《中国工业经济》2004 年第 2 期。

11. 丹尼·罗德瑞克:《让开放发挥作用: 新全球经济与发展中国家》, 中国发展出版社, 2000。

12. 《深圳民营控股上市公司占比超七成》,《深圳特区报》2018 年 10 月 10 日。

13. 叶祥松、刘敬:《异质性研发、政府支持与中国科技创新困境》,《经济研究》2018 年第 9 期。

数字经济与区块链发展研究报告

数字经济“十四五”规划摘编

随着数字经济发展及数字政务发展在社会经济中越来越重要，国家及地方政府都编制了数字经济发展规划，现根据国家及地方政府有关发展数字经济的规划公开文献摘编如下。

一 “十四五”数字经济发展规划[①]

到 2025 年，数字经济迈向全面扩展期，数字经济核心产业增加值占 GDP 比重达到 10%，数字化创新引领发展能力大幅提升，智能化水平明显增强，数字技术与实体经济融合取得显著成效，数字经济治理体系更加完善，我国数字经济竞争力和影响力稳步提升。

数据要素市场体系初步建立。数据资源体系基本建成，利用数据资源推动研发、生产、流通、服务、消费全价值链协同。数据要素市场化建设成效显现，数据确权、定价、交易有序开展，探索建立与数据要素价值和贡献相适应的收入分配机制，激发市场主体创新活力。

产业数字化转型迈上新台阶。农业数字化转型快速推进，制造业数字化、网络化、智能化更加深入，生产性服务业融合发展加速普及，生活性服务业多元化拓展显著加快，产业数字化转型的支撑服务体系基本完备，在数字化转型过程中推进绿色发展。

数字产业化水平显著提升。数字技术自主创新能力显著提升，数字化产品和服务供给质量大幅提高，产业核心竞争力明显增强，在部分领域形

① 《国务院关于印发“十四五”数字经济发展规划的通知》（国发〔2021〕29 号），中国政府网，2022 年 1 月 12 日。

成全球领先优势。新产业、新业态、新模式持续涌现、广泛普及，对实体经济提质增效的带动作用显著增强。

数字化公共服务更加普惠均等。数字基础设施广泛融入生产生活，对政务服务、公共服务、民生保障、社会治理的支撑作用进一步凸显。数字营商环境更加优化，电子政务服务水平进一步提升，网络化、数字化、智慧化的利企便民服务体系不断完善，数字鸿沟加速弥合。

数字经济治理体系更加完善。协调统一的数字经济治理框架和规则体系基本建立，跨部门、跨地区的协同监管机制基本健全。政府数字化监管能力显著增强，行业和市场监管水平大幅提升。政府主导、多元参与、法治保障的数字经济治理格局基本形成，治理水平明显提升。与数字经济发展相适应的法律法规制度体系更加完善，数字经济安全体系进一步增强。

展望 2035 年，数字经济将迈向繁荣成熟期，力争形成统一公平、竞争有序、成熟完备的数字经济现代市场体系，数字经济发展基础、产业体系发展水平位居世界前列。“十四五”数字经济发展主要指标见表 1。

表 1　“十四五”数字经济发展主要指标

指标	2020 年	2025 年	属性
数字经济核心产业增加值占 GDP 的比重（%）	7.80	10	预期性
IPv6 活跃用户数（亿户）	4.60	8	预期性
千兆宽带用户数（万户）	640.00	6000	预期性
软件和信息技术服务业规模（万亿元）	8.16	14	预期性
工业互联网应用普及率（%）	14.70	45	预期性
全国网上零售额（万亿元）	11.76	17	预期性
电子商务交易规模（万亿元）	37.21	46	预期性
在线政务服务实名用户规模（亿）	4.00	8	预期性

二　国务院关于加强数字政府建设的指导意见[①]

到2025年，与政府治理能力现代化相适应的数字政府顶层设计更加完善、统筹协调机制更加健全，政府数字化履职能力、安全保障、制度规则、数据资源、平台支撑等数字政府体系框架基本形成，政府履职数字化、智能化水平显著提升，政府决策科学化、社会治理精准化、公共服务高效化取得重要进展，数字政府建设在服务党和国家重大战略、促进经济社会高质量发展、建设人民满意的服务型政府等方面发挥重要作用。

到2035年，与国家治理体系和治理能力现代化相适应的数字政府体系框架更加成熟完备，整体协同、敏捷高效、智能精准、开放透明、公平普惠的数字政府基本建成，为基本实现社会主义现代化提供有力支撑。

构建协同高效的政府数字化履职能力体系。全面推进政府履职和政务运行数字化转型，统筹推进各行业各领域政务应用系统集约建设、互联互通、协同联动，创新行政管理和服务方式，全面提升政府履职效能。

构建数字政府全方位安全保障体系。全面强化数字政府安全管理责任，落实安全管理制度，加快关键核心技术攻关，加强关键信息基础设施安全保障，强化安全防护技术应用，切实筑牢数字政府建设安全防线。

构建科学规范的数字政府建设制度规则体系。以数字化改革促进制度创新，保障数字政府建设和运行整体协同、智能高效、平稳有序，实现政府治理方式变革和治理能力提升。

构建开放共享的数据资源体系。加快推进全国一体化政务大数据体系建设，加强数据治理，依法依规促进数据高效共享和有序开发利用，充分释放数据要素价值，确保各类数据和个人信息安全。

构建智能集约的平台支撑体系。强化安全可信的信息技术应用创新，充

① 《国务院关于加强数字政府建设的指导意见》（国发〔2022〕14号），中国政府网，2022年6月23日。

分利用现有政务信息平台，整合构建结构合理、智能集约的平台支撑体系，适度超前布局相关新型基础设施，全面夯实数字政府建设根基。

以数字政府建设全面引领驱动数字化发展。围绕加快数字化发展、建设数字中国重大战略部署，持续增强数字政府效能，更好激发数字经济活力，优化数字社会环境，营造良好数字生态。

三　北京市“十四五”规划中的数字经济规划①

大力发展数字经济。顺应数字产业化、产业数字化发展趋势，实施促进数字经济创新发展行动纲要，打造具有国际竞争力的数字产业集群，建设全球数字经济标杆城市。深入实施北京大数据行动计划，加紧布局5G、大数据平台、车联网等新型基础设施，推动传统基础设施数字化赋能改造。实施应用场景建设“十百千工程”，率先在城市副中心、“三城一区”、冬奥园区、大兴国际机场等区域建设一批数字经济示范应用场景。鼓励线上教育、在线医疗、远程办公、云上会展等新业态发展。加快企业数字化赋能，促进平台经济、共享经济健康发展。加快数字社会、数字政府建设，提升公共服务、社会治理等数字化智能化水平。健全数字领域法规与政策体系，完善数据共享规则和标准体系，培育数据交易市场，组建大数据交易所，促进数据资源高效有序流动和深度开发利用。推动政务数据分级分类、安全有序开放，保障数据安全。积极参与数字领域国际规则和标准制定。

四　上海市数字经济发展“十四五”规划②

到2025年底，上海数字经济发展水平稳居全国前列，增加值力争达到3万亿元，占全市生产总值比重大于60%，产业集聚度和显示度明显提高，

① 《北京市国民经济和社会发展第十四个五年规划和二〇三五年远景目标纲要》，北京市发展和改革委员会网站，2021年1月27日。

② 《上海市人民政府办公厅关于印发〈上海市数字经济发展“十四五”规划〉的通知》（沪府办发〔2022〕11号），上海市人民政府网站，2022年7月12日。

高潜力数字新兴企业加快成长，高水平数字消费能级不断跃升，若干高价值数字产业新赛道布局基本形成，国际数字之都形成基本框架体系。

数字经济核心竞争力不断提升。数字经济核心产业增加值占全市生产总值比重达到15%左右，规模以上制造业企业数字化转型比例达到80%左右，数字经济新动能和经济贡献度跃上新台阶。

数字经济企业活跃度显著提高。引进和培育100家以上数字经济领军企业和高成长性企业，每年新增1万家以上数字经济新兴企业主体，一批高价值的新产业新业态新模式不断涌现，多元市场主体创新活力不断增强。

数字新赛道新动能持续壮大。在人工智能、区块链、云计算、大数据等重点领域集中突破一批关键技术，在智能网联汽车、可穿戴设备、智能机器人等方面培育一批重磅产品，数字技术创新和数字产品供给能力显著提升。

数据要素市场体系基本建立。全市统一的数据资源体系基本建成，数据交易所等要素市场建设成效显现，数据确权、定价、交易有序开展，利用数据资源推动研发、生产、流通、服务、消费全价值链协同的格局初步形成。

围绕数字新产业、数据新要素、数字新基建、智能新终端等重点领域，加强数据、技术、企业、空间载体等关键要素协同联动，加快进行数字经济发展布局。

五　广东省“十四五”规划中的数字化规划①

加快数字化发展。加快推进数字产业化和产业数字化，推动数字经济和实体经济深度融合，建设具有国际竞争力的数字产业集群，打造全球数

① 《广东省人民政府关于印发〈广东省国民经济和社会发展第十四个五年规划和2035年远景目标纲要〉的通知》（粤府〔2021〕28号），广东省发展和改革委员会网站，2021年4月26日。

字经济发展新高地。推动数字化优化升级，建设“数字湾区”、数字政府、数字社会，建设国家数字经济创新发展试验区，提升公共服务、社会治理等数字化智能化水平。探索数字数据立法，建立数据资源产权、交易流通、跨境传输和安全保护等基础制度和标准规范，支持企业参与数字领域规则和标准制定。加强数字化发展的支撑保障，提升数字技术和数字基础设施水平。提升全民数字技能，实现信息服务全覆盖。

六 深圳“十四五”数字经济规划①

5G：面向无线技术、网络与业务、关键零部件、测试仪器仪表等重点方向，开展关键核心技术攻关。促进5G与工业互联网、智能网联汽车、AR/VR、8K视频、金融支付、交通物流、文化娱乐、远程医疗、智慧工厂、智慧安防等典型应用场景深度融合。

云计算：协同发展云服务与边缘计算服务，推动超大规模分布式存储、弹性计算、数据虚拟隔离等技术创新，提高云安全水平。

大数据：加强大数据采集、传输、存储、管理、处理、分析、应用、可视化和安全等关键技术研发能力，推动大数据创新应用。

物联网：围绕泛在感知、安全传输、智能处理全链条，推动传感器、网络切片、高精度定位等技术创新，加快窄带物联网（NB-IoT）等标准应用和模式创新，培育物联网应用服务新业态。

区块链：推动智能合约、多重共识算法、非对称加密算法、分布式容错机制等技术创新，探索“区块链+”在政务服务、城市管理、社会民生、公共安全及金融科技领域的应用。

人工智能：重点开展智能芯片引领发展、智能无人系统培育、计算机视觉应用拓展以及智能语音跨越发展等工程，拓展人工智能融合应用

---

① 《深圳市国民经济和社会发展第十四个五年规划和二〇三五年远景目标纲要》，深圳市人民政府网站，2021年6月9日。

场景。

虚拟现实和增强现实：提升数字内容加工处理、全息成像、动漫游戏制作引擎软件和开发系统、3D 数字化建模、数字孪生设计等核心技术创新能力，发展虚拟现实整机、感知交互、内容采集制作等设备和开发工具软件。

七　四川省“十四五”规划中的数字经济规划①

把数字牵引作为推动高质量发展的强劲动能，聚焦激活新要素、推进新治理、营造新生态，加速促进经济社会各领域数字化转型，加快建设网络强省、数字四川、智慧社会，打造西部领跑、全国领先的数字驱动发展高地。

实施数字产业集聚升级计划，聚焦“芯屏端软智网”等核心产业和5G、超高清视频、区块链等新兴产业，建设具有国际竞争力的数字产业集群。加快建设集成电路“芯火”双创基地、国家集成电路产教融合创新平台，补齐研发设计、芯片制造等环节短板，打造集成电路产业基地。锚定柔性显示、高世代液晶、有机发光半导体等高端技术发展，构建贯通原材料、零部件、面板制造、整机集成的新型显示全产业链。重点发展工业软件、嵌入式软件和信息技术服务，打造软件与信息服务产业发展高地。加快建设成都国家新一代人工智能创新发展试验区和产业示范园区。

实施数字技术融合应用计划，创建数字化转型促进中心，推进新一代信息技术与实体经济深度融合发展，带动制造业、服务业、农业提质增效升级。加快推进工业制造体系建设与工业互联网升级改造有机融合，培育全产业链追溯、规模化定制、智能检测等工业互联网应用新模式。积极推动现代服务业数字化转型，构建线上线下联动服务网络，大力培育智能零

① 《四川省“十四五”规划和2035年远景目标纲要》，四川省人民政府网站，2021年3月16日。

售、平台经济等新模式新业态。加快物联网、地理信息系统、大数据等信息技术在农业全产业链的广泛应用，开展数字农业、智能农机应用试点示范。

积极探索经济社会各领域数字化转型路径，构建与数字经济发展相适应的政策体系和制度环境。支持成都以智能化生产和社会化应用为重点，开展数字产业集聚发展模式创新、新型基础设施试验验证、超大城市智慧治理。鼓励区域中心城市和数字产业基础较好的地区聚焦智能制造、数字文旅、数字康养等特色优势领域开展试验。支持各地建设各具特色的数字经济创新发展产业园区。打造天府数字经济论坛品牌。

推进部门业务专网整合，全面完善和延伸统一高效的电子政务网络。优化升级省级政务云平台，推动跨区域共建共享，加快完善全省一体化政务云基础设施。建设大数据资源中心，完善人口、法人、自然资源和空间地理、电子证照、社会信用等基础信息库。完善权威高效的数据共享交换平台，实现跨部门数据资源互联互通。建设安全高效的政府数据开放平台，支撑政府部门数据的统一发布和管理。

建立数字化监管信息资源目录体系，整合各地各部门监管业务信息系统及数据资源，加快推进"互联网+监管"系统应用，构建监管事项全覆盖、监管过程全记录、监管数据可共享、监管结果可追溯的智慧监管体系。推进公共安全视频监控建设和联网应用，探索推行以远程监管、移动监管、预警防控为特征的非现场监管。完善信用监管体系，探索推行个人诚信分，加快实现全省各级各部门信用数据共享。

依托全省一体化政务服务平台，全面打通全省各地各部门政务服务办理系统。统一身份认证体系，提供电子证照、电子签章、公共支付、通知消息等共性服务，实现"一网通办"。打造"天府通办"四川政务服务品牌，推进政务服务"掌上办"。推动政务服务向基层延伸，充分利用社会第三方拓展办事渠道，实现政务服务"就近办"。构建全省统一的网络理政平台。深入推进政府网站和政务新媒体健康有序发展。

建立健全适应数字化公共服务供给体制机制，提高公共资源配置效率和管理能力。加快居民健康信息平台建设，开展智慧医疗和健康医疗大数据应用示范，构建覆盖诊前、诊中、诊后的线上线下一体化医疗服务体系。拓展“四川云教”直播平台覆盖范围，开发内容丰富的在线教育资源。优化“智游天府”文旅公共服务平台，提供游前、游中、游后一站式服务。加快公共交通、养老托育、水电气等便民服务设施数字化改造。推动“天府蓉易办”等平台互认互通，率先实现成德眉资同城化公共服务对接共享。

探索数字孪生技术应用，构建全要素数据化的城市数字模型，建设智慧治理中心、城市信息模型平台，打造“城市大脑”。支持成都建设“智慧名城”。加快提升城乡通信基础设施一体化水平，持续推动乡村电信普遍服务和智慧广电网络建设，缩小城乡数字鸿沟。建立完善农业自然资源、农村集体资产等重点数据资源库，构建农村人居环境、重要农产品全产业链等智能监测预警体系和农业农村管理决策支撑体系。开展数字乡村试点示范。

构建云端集成、便捷高效的城镇社区智慧场景，提升数字普惠服务能力。支持数字化智能化生活平台和专业服务机构建设，拓展第三方互联网服务渠道和服务内容。加大数字化智能化生活服务产品开发供给，发展直播带货、共享住宿等生活消费新场景，积极培育流量经济、无人经济、共享经济、微经济等新业态新模式。加强数字技能培训，提升全民数字素养，引导公众适应数字技术全面融入社会交往和日常生活新趋势，主动融入数字社会。

精简数字经济领域的行政审批事项，推进数字经济市场主体登记注册便利化，建立完善城市机会清单发布机制，有序放宽融合性产品和服务准入限制。加快转变数字经济行业管理方式，完善新兴行业引导和管理办法，鼓励龙头企业和行业协会主动参与制定产品和服务标准。坚持鼓励创新，分领域分类别完善监管规则，提升信息监测、证据保全、在线识别、源头追溯等能力，在严守安全底线的前提下为新业态新模式发展留足空间。

建立统一规范的数据管理制度，制定政府信息资源开放目录，推动医疗卫生、教育科技、文化旅游、交通环境、农业气象等政府数据向社会开放。引导企业、行业协会、科研机构等建设行业性数据资源平台，促进社会数据共享与流通。制定数据隐私保护和安全审查规范，加大对技术专利、数字版权、数字内容产品、个人隐私等的保护力度。加强宣传教育，进一步提高全社会数据保护意识。争取设立成都互联网法院。

八　江苏省“十四五”数字政府建设规划①

到 2025 年，基本建成基于数字和网络空间的唯实领先的数字政府，适应在率先实现社会主义现代化上走在前列的要求，“用数据服务、用数据治理、用数据决策、用数据创新”形成常态，政府效能显著提升，数字化、智能化、一体化水平位居全国前列。

高质量政务服务走在全国前列。满足人民群众和市场主体需求的政务服务体系全面建成，政务服务一件事通办完成率达到 80%，“一网通办”向“一网好办”转变，政务服务好评率全国领先。

高效能社会治理走在全国前列。社会治理一类事统办完成率达到 80%，掌上执法覆盖率达到 95%，防范预警各类风险隐患能力显著增强，跨地区跨部门跨层级的协同治理水平显著提升。

高质效政务运行走在全国前列。建成全省一体化政务协同运行体系，有力支撑和驱动“放管服”改革，畅通直达人民群众和市场主体的服务渠道，实现数字政务与人民群众生产、生活、生态相生相融，政务运行一体事联办完成率达到 80%。

① 《省政府办公厅关于印发江苏省“十四五”数字政府建设规划的通知》（苏政办发〔2021〕61 号），江苏省人民政府网站，2021 年 8 月 31 日。

高品质数字社会走在全国前列。围绕智慧城市、公共服务、民生实事、数字乡村、经济转型等领域数字化智能化建设，形成100个对全省有指导意义的多业务协同典型场景，打造10个在全国有影响力的区域合作典型样板。

高能级数字生态走在全国前列。数据要素流通更加规范高效，数据要素价值充分释放，公共数据开放和开发利用水平显著提升，形成推动数字经济发展的强大动力，江苏成为全国数据要素市场化的典型标杆。

高水平支撑能力走在全国前列。统一的智能感知、云网环境、数据共享、应用技术等基础支撑体系全面建成，标准规范体系更加完善，政务应用入驻“苏服办”总入口率达到90%，非涉密专网整合率达到90%，非涉密系统整合上云率达到95%，公共数据按需共享率达到99%，政务应用入驻总入口率达到90%。

到2035年，数字治理体系和能力现代化基本实现，“数字化、智能化、一体化”现代一流数字政府全面建成，数字化驱动全省高质量发展动能接续转换，推动“强富美高”新江苏现代化建设迈上新的台阶。

九　浙江省数字基础设施发展“十四五”规划[①]

到2025年，将浙江省打造成为全国数字基础设施标杆省，全省建成高速、泛在、安全、智能、融合的数字基础设施体系，实现技术先进、功能完善、特色鲜明、惠及城乡的要求，数字基础设施的能级得到全面提升，总体建设水平达到国际一流、国内领先，有力地支撑全省数字化改革、数字经济发展和数字浙江建设，成为浙江省新时代全面展示中国特色社会主义制度优越性“重要窗口”的标志性成果之一。

建成高速泛在的网络基础设施。互联网核心设施进一步完善，互联网

① 《〈浙江省数字基础设施发展十四五规划〉解读》，浙江省经济和信息化厅官网，2021年6月1日。

能级全面提升，成为国际互联网的重要节点。实现双千兆网络城乡用户全面覆盖，建成5G基站20万个以上，5G网络建设水平全国领先。

建成绿色高效的算力基础设施。形成布局合理、低耗节能、多点联动的数据中心发展格局，具备45万+个机架的数据中心服务能力，新建数据中心PUE值不高于1.4。建成集约高效、共享开放、安全可靠的云计算基础设施，政务云建设领先全国，建成10个以上具有全国影响力的行业云平台。

建成特色鲜明的新技术基础设施。率先建成具有全国影响力的城市智能中枢和数字公共底座，完成设区市的“城市大脑”通用平台建设，建成若干具有国际影响力、全国领跑的人工智能及区块链平台。

建成全域感知的智能化终端设施。建成泛在感知、智能协同的物联感知体系，市政基础设施数字化、集约化建设水平显著提升，智能服务终端覆盖城乡。

建成全国领先的融合基础设施。“1+N”工业互联网平台生态体系全面建成，建成10个以上引领全国的工业互联网平台。车联网、船联网、飞联网建设取得明显突破，并广泛开展示范应用。

建成优良的数字基础设施生态体系。建成技术研发、产业支撑、建设运营、服务应用各环节相互协同、良性循环的数字基础设施生态体系，形成多方参与的协同推进机制，构建国内一流的数字基础设施发展环境。

十　江西省“十四五”数字经济发展规划①

到2025年，全省数字经济增加值增速持续快于全省经济增速、快于全国平均增速，努力实现规模倍增，占全省GDP比重达到45%左右，数字化创新引领发展能力显著提升，数字技术与经济社会各领域融合的广度、深度

① 《江西省人民政府关于印发江西省“十四五”数字经济发展规划的通知》（赣府发〔2022〕11号），江西省人民政府网站，2022年5月25日。

显著增强，数字化公共服务能力、数字化治理水平显著提升，南昌“元宇宙”等聚集区蓬勃发展，力争数字经济整体发展水平进入全国先进行列。

数字产业化实现新跨越。数字技术创新能力不断提升，力争在优势产业关键领域核心技术上取得突破。数字经济核心产业增加值占全省 GDP 比重达到 10% 以上，电子信息制造业规模迈上万亿元台阶，VR 产业规模达到 1500 亿元，物联网产业规模达到 2500 亿元，形成一批在国内外具有较强竞争力的产业链。

产业数字化转型迈上新台阶。制造业数字化、网络化、智能化更加深入，两化融合发展指数、生产设备数字化率、装备数控化率等力争达到并超过全国平均水平，工业互联网平台应用普及率进一步提升。生产性服务业融合发展加速普及，生活性服务业多元化拓展显著加快，数字化生活全面普及。

数字化公共服务取得新成效。数字政府建设取得显著成效，经济调节、综合监管、协同治理、公共服务、政务运转、政务平台等数字化应用水平明显提升，全面实现“一网通办”，“赣服通”“赣政通”等一批重点应用成为全国标杆，加快建成全国政务服务满意度一等省份。

数字基础设施实现新突破。数字基础设施体系基本建成，信息基础设施进入全国先进行列，全省设区市建成千兆城市，乡镇及以上区域实现千兆光纤和 5G 网络全覆盖，全部行政村实现千兆光纤网络覆盖，80% 行政村通 5G。

数据要素市场培育取得新进展。数据资源体系基本建成，数据确权、定价、交易等机制初步建立。省级数据资源池基本建成，市级数据资源池全面接入，实现政务、工业、农业、交通、教育、医疗、金融、文化和旅游等重点领域数据有序汇聚和安全调用。

数字经济治理体系实现新提升。数字经济治理框架和规则制度基本建立，协同监管机制基本健全。政府数字化监管能力显著增强，行业和市场监管水平大幅提升。

十一　山东省“十四五”数字建设规划①

通过建设泛在连接的通信基础设施、构建存算一体的数据处理体系、布局全域感知的智能终端设施，打造“网云端”为代表的全国信息基础设施先行区。通过推进智慧交通、数字水利、能源互联网建设和市政基础设施数字化，打造全国融合基础设施示范区。

构筑开放共融的数字科创高地。主要包括部署基础研究和前沿研究、加强关键核心数字技术攻关、建设数字科技创新平台体系、提升企业数字科技创新能力等方面内容，充分发挥科技创新对经济社会数字化转型发展的支撑带动作用。

发展融合创新的数字经济。从推进数字产业高端布局、加速工业数字化转型、推动农业数字化转型、加快海洋产业数字化、促进服务业数字化升级 5 个方面，全面推进数字产业化、产业数字化。

打造整体高效的数字政府。围绕加快政务服务模式重构、推动政府治理范式重塑、推进机关运行流程再造、实施数字政府强基工程 4 个方面，全面推进政府治理体系和治理能力现代化。

构建智慧便民的数字社会。从强化数字公共服务新供给、构建智慧城市建设新格局、打造数字乡村建设新模式、构筑美好数字生活新图景 4 个方面，全面打造数字化应用场景，构筑全民畅享的数字生活。

营造富有活力的数字生态。通过激发数据要素市场活力、凝聚共建共享发展合力、提升整体安全防护能力，营造开放包容、合作共赢、安全有序的数字生态。

---

① 《山东省人民政府关于印发山东省“十四五”数字强省建设规划的通知》（鲁政字〔2021〕128 号），山东省工业和信息化厅网站，2021 年 7 月 22 日。

Abstract

The first part is the research report. This part focuses on the development status of digital economy and the research and analysis framework of digital economy. Based on the actual situation of the development of Digital economy in China, The analytical framework of digital economy is constructed, and the analytical framework of digital economy quadratering method is proposed. , Combined with the main application scenarios of the development of digital economy, this paper analyzes the existing problems and development strategies in the development of digital economy in China. Blockchain is an important field in the digital economy. 2019 was an important year for the explosion of blockchain in China. This paper analyzes the main advantages of China's blockchain development by using Porter's diamond model, and puts forward the important direction of blockchain development in the future. The second part is to explore all aspects of the application of digital economy, such as smart city construction in China and a description of the information technology industry directly related to smart city. Several major problems in the development of Smart cities in China are summarized. Suggestions on the development of smart city are put forward from the perspectives of port block chain, 5G technology, society and communication. The development path of digital governance and the existing problems of digital social governance. Finally, the paper puts forward the method of digital social governance. The application field and status of fintech innovation are analyzed, and the possible risk categories and causes are analyzed. Finally, the regulatory policies and measures for fintech innovation are proposed. The digital health divide research focuses on the relationship between Internet use and health, and the influencing factors of the digital health divide. At present, there are still few researches on digital health divide in China. In the future, we can take digital divide as a theoretical perspective to study vulnerable groups in health communication. In the process of the development of digital industrial economy, there are some new problems, such as the existing problems of industrial integration and the basic technology of digital industrial economy, which hinder the development of digital industrial economy. These issues are now being addressed. The future economic development of digital industry is mainly reflected in the improvement of the intelligent level of manufacturing industry, the breakthrough of core technologies will be accelerated, and the scope of application scenarios will be expanded.

The third part is the study of Shenzhen city with better development of digital economy and blockchain, in particular, it is based on the political and political economics theory of socialism with Chinese characteristics in the new era, in - depth discussion of the content, conditions and policies of the construction of the pioneering demonstration zone of Socialism with Chinese characteristics in Shenzhen. The key to build shenzhen into a demonstration zone of socialism with Chinese characteristics lies in developing economy, establishing a modern economic system, vigorously developing high - tech and high value - added manufacturing industries. We will deepen the reform and opening up of the capital and financial markets, establish the Minimally invasive Board of shenzhen Stock Exchange and the Qianhai Free Trade Zone to create an Islamic international financial center. Building an ecological civilization city; Balanced development of R&D investment; Improve the modern government budget system; Strengthening basic education; Improving the health insurance system; Explore the securitization system of small - property housing assets; The government promotes the development of corporate brands and the exhibition industry. Shenzhen has formed a cultural environment of innovation, which is the driving force of innovation in Shenzhen. However, there are many factors restricting innovation in Shenzhen, such as the rapid rise of innovation cost and the lack of innovation resources. Finally, some strategies for speeding up innovation are put forward. Due to the particularity of Shenzhen city, innovation can develop rapidly. In a relatively short time, Shenzhen can be the innovation city of the whole country and the world, mainly the force of market - oriented reform, the government's relaxation of management and moderate participation in innovation activities, and the attraction of emerging industries and immigration at that time provide human resources guarantee.

The fourth part is the abtract of China's Digital Economy development plans.

Keywords: Digital Economy; Blockchain; Case Application; Scenario InnovationThis book is mainly composed of four parts.

Content

Research Report on China's Digital Economy Development

—5G Boosts The Development of China's Digital Industry

Ma Chunhui

Abstract: this report combined with the actual condition of China's digital economy development, construct the analysis framework of the digital economy, Put forward the framework of the quarter method of digital economy, detailed analysis of the quartering method of the digital economy development of our country, combining with the development of the digital economy main application scenarios, analyzes the problems existing in the digital economy development and the development strategy.

Keywords: Digital Economy; Economic Development; Policy

Blockchain Economic Development Research Report

Ma Chunhui

Abstract: This paper briefly reviews the development history of blockchain. 2019 is an important year for the outbreak of Blockchain in China. The application scenarios of blockchain in China are constantly expanding, and its contribution to economic development needs to be further expanded. In terms of application scenarios, it has not yet made a substantial impact. This paper uses

Porter's diamond model to analyze the main advantages of China's blockchain development, and puts forward the important direction of blockchain development in the future.

Keywords: Block Chain; Economic Development; Application Scenario

Blockchain and 5G Empower Smart City Construction

Ma Chunhui Zhou Qianhui

Abstract: this article briefly reviews about the concept of the smart city development, the smart city construction in China and the description of the smart city which is directly related to the information technology industry, summarizes the Chinese smart city in urban development of several major problems, It also puts forward suggestions on the development of smart city from the perspectives of block chain, 5G technology and social communication.

Keywords: Smart City; Block Chain; 5G Enablement

Digitization of Social Governance and Its Future Development Trend

Ma Chunhui

Abstract: This paper reviews the development of the concept of digital governance, network governance, grid governance theory, digital governance is the power of technological progress to promote the progress of social governance. Since the reform and opening up, China's population mobility has increased rapidly, and social governance has become more complex. Developing digital governance is of great significance. However, China's digital social governance is still in its infancy, and there are still some problems. China has many advantages in implementing digital social governance, but it needs to increase investment, build a complete legal system and other measures to ensure the healthy development of digital governance.

Keywords: Digital; Social Governance; Grid

Research on Digital Divide at Home and Abroad

Chen Yuhong

Abstract: The aging degree of China is getting higher and higher. The Internet is penetrating into every aspect of life, but the development of Internet medical technology has brought an insurmountable digital divide to the healthy life of the elderly. This paper reviews the causes and nature of the digital divide, as well as research issues at global, urban and rural, and relation between generations. The gap research should focus more on the vulnerable groups such as the elderly, but there is still room for research on the issue of the digital divide for the elderly in China. Foreign research on digital divide not only focuses on access gap, use gap and knowledge gap, but also expands the concepts of intelligence gap, digital gender gap and digital health gap. Among them, the research on digital health divide mainly focuses on the relationship between Internet use and health, as well as the influencing factors of digital health divide. At present, there are still few researches on digital health divide in China. In the future, we can take digital divide as a theoretical perspective to study vulnerable groups in health communication.

Keywords: Digital Divide; Digital Divide Issues; Digital Divide for the Elderly; Digital Health Divide

In Terms of Fintech Risk Categories and Regulatory Policies

—Take the Development of P2P Network Loan as an Example

Ma Chunhui

Abstract: China's financial technology innovation, represented by P2P, has experienced a chaotic development stage, which has a great impact on China's private capital market. This paper studies the application field and status of fintech innovation, and analyzes the causes and categories of financial risks in fintech innovation. And finally put forward regulatory policies and measures for fintech innovation.

Keywords: Fintech; Innovation; Risk

Economic Development Problems and Future Trend of Digital Industry

—Research Based on Innovation Theory

Wang Xueqing

Abstract: The development of China's digital economy is rapid. In the process of development, some new problems have emerged, including the existing problems of industrial integration and the basic technology of digital industry economy. These problems hinder the development of digital economy. These issues are now being addressed. In the future, the development of digital economy is mainly reflected in the improvement of the intelligent level of manufacturing industry, the breakthrough of core technologies will be accelerated, and the scope of application scenarios will be expanded.

Keywords: Digital Economy; Innovation Industry

Research on Theory and Policy of Constructing Socialism Pilot Demonstration Zone with Chinese Characteristics in Shenzhen

Ma Chunhui

Abstract: Based on the political economics theory of socialism with Chinese characteristics in the new era, this paper deeply discusses the content, conditions and policies of constructing the pioneering demonstration zone of socialism with Chinese characteristics in Shenzhen. The key to build shenzhen into a demonstration zone of socialism with Chinese characteristics lies in developing economy, establishing a modern economic system, and vigorously developing high - tech and high value - added manufacturing industries. We will deepen the reform and opening up of the capital and financial markets, establish the Minimally invasive Board of shenzhen Stock Exchange and the Qianhai Free Trade Zone to create an Islamic international financial center. Building an ecological civilization city; Balanced development of R&D investment; Improve the modern government budget system; Strengthening basic education; Improving the health insurance system; Explore the securitization system of small - property housing assets; The government promotes the development of corporate brands and the exhibition industry.

Keywords: An Advanced Demonstration; Chinese Characteristics

Research Shenzhen to Build Itself into an Innovation - leading Global City

Ma Chunhui

Abstract: Shenzhen has formed a cultural environment of innovation, which is the driving force of innovation in Shenzhen. However, there are many factors restricting innovation in Shenzhen, such as the rapid rise of innovation cost and insufficient innovation resources. Finally, it puts forward several strategies to speed up innovation, such as establishing public service system, expanding opening to the outside world, increasing efforts to attract talents, encouraging innovation and tolerating failure

Keywords: Innovative City; Cultural Environment; Global City

Shenzhen Innovation Paradigm

—Based on Market Induced Innovation Paradigm Research

Ma Chunhui

Abstract: This paper analyzes the performance of shenzhen's innovation activities. The vitality of Shenzhen's innovation comes from the particularity of Shenzhen city and the innovation cultural environment. The rapid development of Shenzhen innovation and vitality, in a relatively short time, will be the national and world innovation city, mainly the force of market - oriented reform, government relaxation and moderate participation in innovation activities, the attraction of emerging industries and immigration to provide human resources guarantee.

Keywords: Innovation System; Market Induced; Paradigm

后　记

数字经济和区块链是最近十年的一个研究热点。陀螺科技集团公司一直关注数字经济和区块链研究的最新进展。2019年，基于个人的研究兴趣，我和陀螺科技集团公司创始人余文锋总经理深入讨论了区块链问题，我们认为这个问题值得研究，并对一些问题的看法达成了共识，他们公司提供研究经费，支持对数字经济和区块链的研究，研究成果公开出版。随后，我就组织研究人员，联系出版等具体事务。然而，疫情的发生影响了研究工作及出版的进程。经历了三年新冠疫情，本书总算顺利出版了。在本书出版之际，向余文锋总经理及陀螺科技集团公司表示衷心的谢意，同时对社会科学文献出版社城市和绿色发展分社社长任文武先生、丁凡编辑、方丽编辑表示真诚感谢，没有他们的辛勤劳动和认真编辑，本书难以出版。为了提高研究水平和研究质量，我特意聘请了两位顾问，一位是深圳市政府原副市长，现哈尔滨工业大学经管学院教授、博士生导师唐杰教授，另一位是中国社会科学院财经战略研究院院长助理、博士生导师倪鹏飞研究员，对这两位顾问的无私奉献表示衷心的谢意。

中国在发展数字经济和区块链方面有很多的优势。一是全国整体科研实力提升。根据国家统计局、科学技术部和财政部发布的《2021年全国科技经费投入统计公报》，2021年我国R&D经费投入占GDP比重为2.24%，在世界主要国家中排名第13位。2016~2021年，我国R&D经费年均增长12.3%，明显高于美国（7.8%）、日本（1.0%）、德国

（3.5%）、韩国（7.6%）等。二是复杂的应用场景。数字经济和区块链在我国各行各业都可以找到相应的应用场景。为了缩小城乡数字经济应用场景的差距，2022 年 9 月国家有关部委制定了《数字乡村标准体系建设指南》，这个指南加快了数字经济和区块链在乡村应用场景的实现速度。三是我国数字经济和区块链龙头企业或独角兽企业资源丰富。腾讯、百度、京东、阿里巴巴等都是我国数字经济的龙头企业，它们在世界上也具有影响力。

本书把深圳发展数字经济作为案例进行分析，目的在于解剖深圳发展数字经济和区块链方面的经验。2019 年 8 月 18 日，中共中央国务院《关于支持深圳建设中国特色社会主义先行示范区的意见》，明确指出在深圳“打造数字经济发展试验区”。《国家数字经济创新发展试验区实施方案》《深圳市建设中国特色社会主义先行示范区的行动方案（2019—2025 年）》等文件都把数字经济作为深圳市七大战略性新兴产业之一，内容包括软件和信息技术服务业，互联网和相关服务业，电信、广播电视和卫星传输服务业及其与各行各业融合衍生出的新兴业态。

深圳在发展数字经济和区块链方面具有优势。一是资本市场的推动。截至 2022 年 8 月 23 日，粤港澳大湾区在创业板上市的创业公司有 239 家，在创业板上市的深圳企业有 114 家，占板块公司总数的 16%。深圳上市公司集中在 5G、大数据、人工智能、物联网等新兴行业。二是深圳在发展数字经济和区块链上具有雄厚的产业基础。深圳有华为、中兴通讯、腾讯、百度等数字经济方面的龙头企业，而且深圳市信息技术产业和软件产业的发展在全国也是首屈一指。这为深圳发展数字经济打下了良好的产业基础。三是深圳市作为国际化城市和粤港澳大湾区的重要城市，对人才有很强的吸引力。人才是产业发展的重要因素。深圳经过多年的高等教育的发展，也形成了一批本土人才。与全国其他地方相比，深圳吸引数字经济和区块链人才具有明显的优势。四是产业集群效应。目前，深圳初步形成了新一代信息产业集群。2021 年，深圳电子信息产业的增加值达 5641.6 亿元，电子信息制造业的产值约占全国的1/6，数字经济产业的规模居全国首位。

科学研究只能是无限逼近真理。“会当凌绝顶，一览众山小。”登山有顶点，科学研究无顶点，前面总是有无数的高山等待我们去攀登。数字经济和区块链还有很多重大问题亟待我们去研究和解决。

深圳大学传播学院、广东培正学院为本书的出版提供了支持，在此表示感谢。

图书在版编目（CIP）数据

数字经济与区块链发展研究报告 / 马春辉主编. --
北京：社会科学文献出版社，2023.4
ISBN 978-7-5228-1546-6

Ⅰ.①数… Ⅱ.①马… Ⅲ.①信息经济-经济发展-
研究-中国-2021 ②区块链技术-研究报告-中国-
2021 Ⅳ.①F492 ②F713.361.3

中国国家版本馆 CIP 数据核字（2023）第 045955 号

数字经济与区块链发展研究报告

主　　编 / 马春辉

出 版 人 / 王利民
组稿编辑 / 任文武
责任编辑 / 方　丽　张丽丽
责任印制 / 王京美

出　　版 / 社会科学文献出版社 · 城市和绿色发展分社 （010）59367143
地址：北京市北三环中路甲 29 号院华龙大厦　邮编：100029
网址：www.ssap.com.cn
发　　行 / 社会科学文献出版社（010）59367028
印　　装 / 三河市东方印刷有限公司

规　　格 / 开　本：787mm × 1092mm　1/16
印　张：14.75　字　数：206 千字
版　　次 / 2023 年 4 月第 1 版　2023 年 4 月第 1 次印刷
书　　号 / ISBN 978-7-5228-1546-6
定　　价 / 98.00 元

读者服务电话：4008918866